中国语言与符号学研究会主办

U1075964

语言与符号（第8辑）

Language & Sign

主　编　王铭玉
副主编　田海龙　王　军　王永祥

北京航空航天大学出版社
BEIHANG UNIVERSITY PRESS

图书在版编目（CIP）数据

语言与符号. 第8辑 / 王铭玉主编. --北京：北京航空航天大学出版社，2021.12

ISBN 978-7-5124-3677-0

Ⅰ. ①语… Ⅱ. ①王… Ⅲ. ①符号学-研究 Ⅳ. ①H0

中国版本图书馆CIP数据核字（2021）第269730号

语言与符号. 第8辑

责任编辑：李　帆
责任印制：秦　赟
出版发行：北京航空航天大学出版社
地　　址：北京市海淀区学院路37号（100191）
电　　话：010-82317023（编辑部）　010-82317024（发行部）
010-82316936（邮购部）
网　　址：http：//www. buaapress. com. cn
读者信箱：bhxszx@163. com
印　　刷：北京九州迅驰传媒文化有限公司
开　　本：787mm×1092mm　1/16
印　　张：8.75
字　　数：192千字
版　　次：2021年12月第1版
印　　次：2021年12月第1次印刷
定　　价：49.00元

《语言与符号》编委会及编辑部成员

目　录

论文选登

书刊评介

名家叙事

回忆我与国际符号学交往的这四十年
——略谈“什么是符号学”之问（上）

李幼蒸

摘　要：这是一篇有关作者几十年来参加国内外符号学学术活动的回忆文章。作者从“职场进取”和“学术提升”两个不同的角度剖析“符号学学术”的身份、构成与功能，指出“符号学”不是一门特殊的专业或学科，而是一类学理方向和一类分析方法的泛称，二者可运用于人文社会科学内的各种不同专业或学科之中。由于中国人文学术思想史的历史背景和现实条件，外语界目前承担着引介、推广、组织中国符号学学术活动的主要责任，并可在各不同专业基础上从事不同的符号学研究项目。作者认为，2012年南京师范大学外国语学院举办的国际符号学学会大会，标志着国际“跨文化符号学”时代的到来。中华传统文化与学术是人类跨文明的人文学术世界的主要领域之一；跨文化符号学学术领域将会成为几千年中华文化、学术、思想史之现代化革新发展的重要方法论资源之一。为此目标，中国人文学者应该本着独立自主的科研态度，在国内外参与推进世界与中国的符号学学术发展事业。

1977年下半年是我一生发生巨变之始，此前20年的人文思想研读从那时凝聚到人文学理思考的新方向上来了；年底前翻译的《结构主义》文稿，竟然引领我从此成为科研人员；我的正式学术生涯不仅始于新时期，“符号学”自那时起就与我的新时期经历形成了全覆盖。不仅如此，我的“符号学实践”竟然在改革开放不久就使我有机会与国际符号学活动交织在一起。独立研学与国际交流可谓始终相互交织，并使非科班出身的我，最终得以在国际学术场域背景下为自己的学术方向进行了独立定位。实际上，从我1979年最初致信列维–斯特劳斯和克里斯托娃起，到2019年我的英文符号学论文集被国际符号学学会同仁予以评论止，我与国际符号学界的来往历史也已达40年之久。如果要系统回顾其间发生的种种事端以及交流中的众多体验，则需一部专著的篇幅加以撰述。本文仅能略述概要以供读者参考而已。

20世纪50年代，我对人文思想感兴趣，因中学校图书馆条件所限，主要偏重19世纪俄国文学和俄国文艺理论。从1956年考入天津大学土建系起，我的兴趣和眼界逐渐拓广至欧洲古典哲学与欧美思想史领域（也即从我的“文学阶段”迈入我的“哲学阶段”）。自1959年初在文津街北京图书馆立志自学哲学起，由于我触及的国外书籍范围陡增，遂迅即“超越”了欧洲古典思想史范畴而“跃入”了“现代主义”时期：也即在哲学、文学、文学理论、文艺理论等领域内将目光全面转向 20 世纪前半叶的欧洲文化与思想。在北图为我展开的此一大千精神世界中，主要目标自然是现代西方哲学诸流派。自古以来，哲学就是理论思考之途径与基础。

“文革”以前的十几年间社会上仍然流通有少量供研究批判用的现代西方哲学和现代文艺理论的中文出版物（公开版及内部版），著译者们大多是在 1949 年前有过国内外教育的经历者，其国外知识的眼界固然高于当时国内学界，却也不免受到民国最初 40 年西化初兴时期含有的自然认知局限性（如哲学多为美国实用主义和欧洲实证主义，文学理论多为英美新批评派，以及少量 19 世纪以来的现代派美术与音乐）。北图那时出借的 1949 年前的中文理论书籍中，现代西方哲学类不多。为此我决心自学外语以便有条件研读当时北图仍在不停引进的当代西方文史哲书刊（我曾提到过，北图当时的馆长是早期共产党人张申府先生，故购藏的现代西方哲学类图书甚多，每周都有新书目刊出，本本都刺激着我的求知欲）。在 20 世纪 60 年代哲学类内部出版物中，现代英美流派稍多，我就曾借用内部借书证购置过不少社会科学译著，包括皮尔士哲学、莫里斯符号学和所谓“普通语义学”等，但实用主义方向的理论从来不能引起我的兴趣。因此可以说，在新时期到来以前我对于“现代符号学思潮”不仅并无了解，而且对于皮尔士、莫里斯等人有关“符号”的论述根本未予重视(1988 年开始去西柏林符号学研究所访学后渐渐知悉，原来那时东西德在符号学理论领域的兴趣相当一致，莫里斯符号学竟然是柏林墙两侧学界共同推崇的符号学理论，令我大感错愕。而那时已完成法国电影符号学引介著作的我，还发现德国电影理论家尚停留在“电影哲学”阶段。那时德国人文理论界对于邻国法国符号学的研究也刚刚开始而已。几年前我在柏林学术书店的哲学专柜上竟然看到摆放着若干罗兰·巴尔特的符号学文集，图书市场会将结构主义理论视为某种“哲学类读物”，而在哲学专业书架内却甚少有胡塞尔专著。凡此种种说明，二次大战导致战前曾傲视全球的德意志理论精神生命力已大失元气，至今难以复苏）。

1978 年起，因缘际会，我得以进入中国社科院哲学所现代外国哲学室承担研究工作，从此才获得了迈入国内外学界的机会。我曾谈起过，激发我关注现代符号学重要性的“第一人”是列维-斯特劳斯（2004 年由于他对我的再次推荐，我才得以获得资助参加了里昂国际符号学大会并当选为副会长，这才有了其后我参与推进中外符号学交流的机会）。1977 年夏进入有限开放后的北图时，吸引我的首先是法国结构主义。我在北图开放后理论兴趣发生的重大改变，与国外流行的影响毫无关系，思想方向的转折，可以说完全基于自己长期以来（在资讯极其有限条件下）对现代哲学和人文理论独自研读探索的个人经验。此一兴趣方向的转变体现为：从一贯以来的哲学中心主义观向其他人文学科内跨学科的理论方向的转移。这样的认识论方向的变轨导致我从此摆脱了“理论即哲学”的传统观念。结构主义使我“心灵为之一亮”的“引线”，可以说是“三大学科理论话语”：文学理论（立即超越了现代新批评派理论）、电影理论（立即超越了“电影哲学”派理论）和历史理论（立即超越了“历史哲学”派理论）。于是，《结构主义》译本成为我进入哲学所的契机；电影符号学文章翻译及其后的著作使我后来受聘为《当代电影》编委；历史理论的译作则使我成为《历史理论》编委。在哲学领域，我从未受聘过任何职衔，虽然哲学才是我的本业，也是我毕生贡献最多的领域。这三大当代人文理论都是以欧陆人文理论和思想史为基础展开的，大部分是实现于战后法国学界的。不过，人文学界这三大理论学科的“形成背景”虽然均某种程度上交叉于现代西方哲学思潮，而由现代符号学理论方向加以系统革新的“当代人文理论”，一般而言，恰恰都是“超越了哲学规范”后的产物（不妨说，现代符号学的人文理论方向促成了西方哲学垄断地位的瓦解）。什么叫“人文理论”？在19世纪及以前，两千年来所谓人文理论就是哲学学科内的各种理论思想。爱好理论性思维的学者当然都是工作于“哲学领域”的。而随着自然科学的飞速发展，社会科学随之而起，其方法论成功原因之一都源于摆脱了哲学教条主义的羁绊。历经两个世纪来科学思想进步的影响，也最终导致“人文科学”轮廓的渐渐浮现，人文思想及理论才渐渐具有了某种“科学化”倾向。但是与前两大科学的构成不同，人文科学始终“身份未明”（请看“人文科学”一词如何受到后现代主义理论家的反对即可见一斑），它始终介于“人文”与“科学”异质性交汇线上，其理论形态则是由“哲学传统”和“现代科学”间交叉互动与革新演化而成。不仅分析哲学派和科学哲学派人士，而且西方符号学理论家们至今仍难深入理解的是：现代人文科学的革新发展其实是与符号学精神密不可分的（皮尔士的逻辑哲学思想是大幅脱离现代人文社会科学实践的；逻辑实证论的统一科学主义的“物理学本位主义”根本脱离了人文思想传统并限制了任何跨学科实践；格雷马斯的语言学方向的统一人文科学抱负，并未涉及中西思想史话语实体本身。就一般符号学理论而言，无论是逻辑主义、语言学主义还是哲学主义，都与符号学的跨学科理论方向相违背。即使在符号学界，关于“统一性”和“一致性”的概念仍然受到传统式“单学科一元论”思维习惯的影响。本人在南京国际符号学大会上提出的“多元理性类型观”就是与此论题相关的）。本文提醒读者注意的是，“符号学”这个标称，涉及的人类文明精神理性化革新发展意涵，其实是远远深广于当前偏于实用功利主义导向的国际符号学的理论思考框架的。

以上所谈，既与现代人文社会科学理论认识论有关，也与人文学术跨学科研究方向有关。一个完全偶然的因缘使我（作为哲学所第一位公派访美学者）到美国不久就获得机会与不少国际符号学知名学者见了面。1982年5月我到普林斯顿大学哲学系邀请人理查·罗蒂的办公室后，他告诉我在多伦多大学马上会举办一次国际符号学夏季系列研讨会消息。我于是当晚即向该会写信自荐与会理由并寄去所译《结构主义》一书。不久就在哲学系办公室收到回信，大会同意我免费参会并支付生活费。我于是就用仅有的两百余元买了单程车票，进城办好签证，几天后即沿纽约上州铁路赴加。在多伦多大学的讲演会与研讨会上先后见到了包括艾柯、西比奥克、塞尔、福柯等名家，并幸遇后来导致我学术生涯变化的柏林波斯纳教授（这位小我6岁的前国际学会会长不幸已于去年病故；1982年多伦多会议期间他主动邀我见面，鼓励我参加西德某青年符号学活动，因其错估了时已45岁的我的年龄在40岁以下），从此开始了我与国际符号学学会长达三四十年的学术交往。在我于德国柏林工大符号学中心和波鸿哲学所两地完成了《理论符号学导论》写作计划后，曾于1994年参加伯克利大学的国际符号学大会，主持一个理论组讨论并发表论文。那次大会上理论组的一个主要议题为“什么是符号学”。此问题的回答牵扯到两个不同的思考角度：“符号学职场角度”和“符号学学术角度”。两者根本不是一回事，却实际上处处纠缠在一起，导致相关讨论易于发生混乱。此一现象当然不限于国际符号学，不过在国际符号学界最为明显。按照“职场观点”，对于符号学学术内容的要求极为宽松，任何自称是符号学的学者几乎都是来者不拒，甚至于多多益善。参加者只需交上注册费、食宿费即可。结果符号学的聚会几乎相当于职业市场交际会。至于从“学术观点”看，作为学界主体的各部门符号学应该说是成效显著的，但难以对其予以统一分类。因这类“部门符号学”学术究竟应该归入“符号学”还是某种学科呢（如语言学、逻辑学、科学哲学、文学理论等）？如果它们均须以常规学科专业为其职场生存之基础，那又为何需要再称之以“符号学”呢？至于“一般符号学”或“符号学理论”，由于各自理论来源不同，打算以其作为“符号学”学术统一性的根据的企图更难获得成功。实际上，所谓符号学的“一般理论”往往被理论家们以各种哲学理论话语来充数，结果反成为若干“二流哲学”，并难以对部门符号学产生任何影响。因此“什么是符号学”的问题，也不可能由这些自称是统一符号学理论家者予以适当回答。

客观来说，此一符号学观察角度的歧义性乃是职场制度性机制内嵌的产物，我们不须为此对学者个人求全责备。无论如何，在职场与市场上，“符号学”的确已成为行之有效的跨国跨界的学术交流平台。从职场角度看，这个词本身的通常指称可包括职场类型、学科身份、学术特点、权威名号、理论方向，等等。其中每一种均可对“什么是符号学”给予不同的回答。而其中每一种回答其实也都与学术与职场的得失效果相关。在时代“职场功利主义”风气下，学者及派系，均须依据功利主义的职场机制力求标新立异，宣传鼓吹，以致力于自家职场的成功。如果从“学理角度”看，符号学学理问题之所以比其他领域更为复杂和纷乱，乃因其跨学科特点必然涉及现代人文社会科学快速发展的历史本身。其学理背景难以厘清得更为深刻的原因则在于，具有几千年各文明思想史传统的人文学术实体，在其朝向“科学理性”方向自我改造过程中，均自然呈现层出不穷的困惑与挑战，符号学思潮就是在此过程中形成的。通常，我们的解决办法是，按照自行选定的标准、方法、目标与课题，以作为学者个人与派系参与职场学术竞争的方略。于是学界可以随意涌现百十家符号学派系，均能言之成理（这恰恰是人文科学蕴含的风险：其理论话语是最易于随意编织而不致遭受“证伪”的。传统语言内嵌的语义混淆性为此提供了理论随意编织的技术方便性），因而均可作为学术竞争的渠道和手段（学术竞争机制由内外两部分组成：学理成就与人际关系。后者即与今日学界内市场式营销行为相关）。学界会以为这样就算完成了自身符号学事业的建设。因为对之正误检验的最后判准乃是职场内的“成绩大小”（竞争胜负结果）。殊不知此一成绩仅只是职场内职业成功的标志而已。

对于伯克利大会上的这个议题，现在可以更合理地这样来回答。从职场角度说，“什么是符号学”的问题应该改为“如何用‘符号学’名称来标名”的问题。这样一来，甚至于可将任何学术内容均标以“符号学研究”，“符号学”成了人文学术市场上（不须注册的）知名品牌标志。这就是今日国际大小符号学会议的实际现状，因此人文科学各领域（如文史哲内一切内容、比较文学、传媒学、认知科学等）内的研究均可纳入。伯克利大会上问题的提出，表面上是学理性问题，实际上似乎暗示着理论家们可能怀抱着如何“占据”“符号学正统”名分的动机。

1977 年夏，北图重新开放使我得以接触国际新知新学新理讯息。我之所以“发现”了 20 世纪 60 年代起形成的国际符号学运动，乃因其丰富的认识论与方法论的全新思考角度与方法，大有助于我更为清晰地思考和分析传统人文思想理论问题。人文思考从古典到现代的演变，首先体现为名词概念规定的明晰性获得了系统的提升。正是索绪尔结构主义语言分析法使我顿时感觉到它对于人文话语的语义学清理工作极具可操作性，因此语词记号分析法应是一切文史哲话语现代化发展的基本语义学准备之一。此一理性思考方式的冲击力也恰恰是在与哲学系统性理论话语对比中产生的。与自上而下的哲学演绎性分析方式不同，符号学的“理论性思维”是以自下而上的方式进行的。结构语言学是一般性的，但其方法论运用是具体性的，这就是何以现代符号学运动的主要成就均出现于各种“部门符号学”内之故。换言之，我所感受到的“列维–斯特劳斯与罗兰·巴尔特理论思维冲击力”，都产生于其具体文本意义分析中。1977 年时，我的符号学理论“切入点”竟然是文学、电影与历史。从一向习惯于自上而下的思维，突然转至自下而上的思维，也即从“具体性”中归纳出“一般性”，这是一次通过归纳法的强化而实现的思维方式之飞跃（我在“文革”十年后的北图突然陷入精神喜悦之时，哪曾料到个人学术发现竟然随即也为我开启了重归学术社会的契机！“符号学”成为仅有三年大学学历的我一步迈入学术机构的“敲门砖”）。于是：电影与文学的独立理论分析法与同时存在的“哲学美学”分析法的鲜明对比；中西历史话语的语词与意义分析法和 19 世纪以来的历史哲学及史料考据法的鲜明对比；语法词法溯源描述学与意义及功能的结构分析法的本质区别；以及当代欧陆社会学和人类学这些半属社会科学半属人文科学的理论性研究新方向均摆脱了传统哲学的僵化演绎主义。可以说，“符号学”对于我的影响，远非限于符号学领域，而是触及我后来从事的一切中西学术研究的方向、方式和方法。

我对符号学精神的认定与接受是完全基于我对中西思想史研究经验之上的，所以我只认同符号学领域中自认为重要的部分，未曾将任何西方大家视为绝对的楷模。自

20世纪90年代起，我并进而与国际名流的学理框架逐一拉开了距离，因为我日益深化了这样的认识："符号学精神"只是部分地体现而非具体凝结于"某某大师学术结论上"。大师们只是各自在符号学精神大方向上创造了一局部成就，以供后人发展与改进，绝对不能以为其相当于某种"完成了的名作"或某种"万能工具"，可供学界崇拜及机械地应用。一切有助于推进人类人文科学现代化发展的新知、新学、新理，都是建立在对各个学科现代化理论发展进行综合性考察、组合、修正、创造的基础上的。每一学者都是在人类学术大家庭中分担着局部的探索任务，其成功只不过是某种半成品，有待于后人陆续对其改善和重新组合。为此，一方面必须不断批评性地深化对西方理论的研究；另一方面必须强化对人类传统思想史的批评性研究，并努力将二者结合起来。因此，比较文史哲宗艺思想史研究启示我们，人类的传统历史与思想史的范围远远不止于大家较为熟悉的西方思想史，而是必须涵括人类各文明传统中的全部思想文化史。而几乎所有的国际人文理论大家对于中国文史哲传统均所知有限（国际汉学基本上尚未被纳入国际理论主流），因此其学术实践的结论是具有片面性的。严格说来，任何深入的"东西理论交流计划"都是难以深入进行的。当"跨文化符号学时代"来临后，如何予以具体推进，成了在国际学会内突然出现的另一跨国交流的难题。几十年来与其交往过程中，越来越体察到国际学者的"认知误会"之实态，他们无不积极于"推动"符号学运动的国际化发展，却有知未知地陷入如下错综复杂境遇：1）目的在于扩大自身学派的影响力，积极进行国际交流；2）"自信心一"在于符号学理论和实践主要为西方产物，自身为符号学学术资讯的当然是输出方；3）"自信心二"在于，从现代科学角度看，东方传统文化学术欠缺理论素质，故必以西学为师；4）而一旦涉及具体学术规划细节时陡然自觉到：原来"我们对东方高级文化传统知识近乎零"。结果发现，"东西符号学合作计划"对于他们来说其实是难以深度参与的。他们的天真性表现在：一方面各自均据职场求利本能，自夸个人理论成就以追求知名度提升；另一方面则下意识地忽略非西方文明的学术价值（以此规避既不懂其语言又不知其思想内容的事实）。实际上，由于国际学者对于东方及中国高端文化学术知识及语言的欠缺，是很难参与跨文化符号学研究计划的。固然国际学术交流中会有这样那样的不合理情况（趋炎附势为人类天性之一），但我愿从人类文明发展学角度看待这类心理不平衡现象：东方人都有强烈意愿，既努力传承本传统文化学术也积极于研学西方人文化学术；而西方人则非然，他们难以清晰意识到此事实。因为今日国际人文学术世界的主流是西方学术，西方汉学并非理论性学科，所起作用有限。而东方人文思想史研究尚处于起步阶段，尚不足以引起西方同行重视和"警惕"。当有朝一日他们不得不意识到：非西方学者可能既知东又知西，甚至于在知西方面可能不在其以下时，如当无"学为己"人生观时，国际者将情何以堪？国际通行语言的历史事实使他们貌似具有"交流优越性"；后者却可能助长他们对此种文化认知片面性却加以自我掩饰的倾向。

当我参与2012南京国际符号学两次大会筹备期间，作为沟通联系人和学术顾问，也就再次深陷此中西文化高低意识冲突中。只有当“跨文化符号学”（相当于“真正的国际符号学”，此前的所谓国际符号学主要是西学中心主义的）的会议真正筹办时，他们才意识到其中牵扯到的复杂“文化冲突论”问题。例如，南京大会究竟是西方人以“将西方理论引介至中国”为目的呢，还是东方人以在国际参会者面前“炫耀”西人对其一无所知的“中华文化”为目的呢？为此，在国际学会委员会讨论时不仅要避免“中西对比”字样，也须避免“东西对比”字样。我的真正态度也被反复地予以试探（如需解决这样的疑问：“为什么要在南京举办国际人文理论会议？这对国际符号学学会有何利益？”这类既期待又犹豫的心态，其实与国际交流计划的正大光明背景无关，而是反映着他们自身的“利害盘算”。比利时列日符号学中心竟因与我的学术观点冲突而最终放弃了来南京参会的许诺。一位后来担任学会负责人者，竟然在南京大会召开前就发文“警告”学会注意“李所筹划的国际大会可能有损国际学会的利益”！大会之后，等到他占据了位置后，遂有机会直接对我表现出“洋人也会给你穿小鞋的伎俩”。我自然随即给予反击，并遗憾地指出学会生态是如何可被“政治游戏”左右着）。因为本人素来没有职场求利意识，遂可秉持纯粹学术观点，毫无权谋地努力于企图实现（本质上是“中西间”的）双向学术理论交流平台的搭建，以促进双方对彼此学术长短认知的提升（强者知短而心喜，视之为自强之契机；弱者知短而自馁，故多取视而不见的自我欺瞒态度）。我的国际同行们，对于我这个“有用的沟通者”，不免感觉“亦喜亦忧”。从职场观点看，对于南京大会的成功，他们对我表现了真诚的感谢（了解到背景的错综复杂，他们事后来信赞叹说：“真不知你是如何协调促成了如此成功的国际会议的！”）；但从学术观点看，他们对我的“猜忌”则逐渐加深，其潜台词可能是：“我们如被带入真正的跨学科符号学活动，那时会以谁为主、以谁为辅呢？”于是，职场的“得”就开始与预期中潜在的学术的“失”发生了冲突。“跨文化符号学时代”的提法究竟“对谁有利”？（如果他们持“以学求真”的动机的话，会产生这样愚蠢的疑问吗？）于是，他们就在此“国际学术政治学场”内显示了“手腕”，以至于在2014年索菲亚大会上竟然不留给我一个发言时间，以便在离任前谈一下南京大会后中西符号学交流的意义问题。记得1994年伯克利大会上日本山口昌南卸任副会长时，不仅安排了他的专门致辞，发表感言，而且艾柯还亲自在大会发言，对其沟通东西学术文化的贡献予以表彰（相比之下，我在闭幕会上仅“突兀地”获得了西班牙秘书长个人发出的“感谢”，此一“孤单姿态”的含义真是无比深刻！因其立即可使我联想到几十年来与各当事人的无数“交往语境”。后者的“意涵”此时此刻才以“姿态符号学方式”显露出来）。我们的南京大会不仅在东西交流事业规模上无数倍地较前获得发展（中国成为欧美地区之外第一次举行国际学会大会的地方），而且我所介入的交流领域更是远远大于、广于、深于山口昌南先生。但在换届会议上，组织者大搞学术权术学，故意使我无机会对“跨文化符号学时代”到来的意涵加以阐释（不过本人其后发表的多篇英文论文已然对此陆续予以阐发，毕竟学会并非铁板一块）。而当本人英文论文集出版后为一些学会同仁抢先予评论时，他们在意的是：李的文章对国际学会理论方向的批评可能会对他们在中国开拓学术影响力的范围内产生多大影响！学会新领导者，恰恰也是与我曾发生观点冲突者。我的卸任与离会，应该会使他们大感庆幸，他们又哪里懂得我的治学观与他们根本不属同类呢，我怎会在意学界无聊的争名夺利作为呢？而且，符号学只不过是我的学术实践领域之一而已，2012—2014 年也恰恰成为我大幅转移学术实践方向的分界线。此外，抛去学术作风，一些国际学会带头人的西学理论水平之肤浅，也超出我的估计之外。这些都是今日全球化功利主义职场化大环境所导致的结果！他们信守以学逐利，我坚持以学求真，道不同不相与谋。

在离开国际符号学学会时我已明确宣称，重要的是“方向上不变的符号学精神”，而不是“内容固定的符号学知识”，前者朝向于对人类人文社会科学理论全局命运的思考，后者则倾向于通过巩固学科身份以提升职场竞争力量。作为符号学学者为一事，作为符号学事业组织者则必然是另一事。后者是跨学科、跨文化、理论化的倡导者和协调者。将符号学理论视为固定学科，原则上首先违背了符号学的“跨学科科研方向”。形成“符号学学科”岂非正是要以一新的学科本位论来否定“跨学科方向”？（通过跨学科方法形成的新理论，被当成另一新学科，岂非走向符号学精神的反面？）近年来为了增加国际符号学理论界的声誉，一些理论家们纷纷寻找某一哲学流派或某一哲学家作为自身符号学理论的“基础”（实为“大树底下好乘凉”意识作祟），结果反而暴露了该“符号学理论探讨”之如何违背符号学的跨学科精神。当符号学理论家未能发展独立的符号学理论，而是企图依仗哲学界大家的名头来在非哲学领域内提升自己的学界身份时，结果所暴露的弱点不是一种而是两种：既以其哲学中心主义论违背了跨学科理论精神，又显露了其哲学学术判断力的欠缺（还不要提其西方哲学修养的不足了）。不过，有鉴于我已谈过无数遍的情况，我们也不必对职场科班出身者必然会有的治学弱点过分挑剔，而应看出此类普遍倾向乃系职场与市场制度性约制的自然效果。这一学术机会主义倾向今日当然不限于符号学界，而是遍及国际人文科学理论全域与全局。此一“负面倾向”，不是反映在由于竞争文化而自然导致的技术层面上之日益标准化上，而是反映在思想价值层面上的虚无与机械化上。这是本人学术生涯 60 年来对今日国际人文学理方向的独立判断。就人文科学而言，所谓符号学精神就是不为国际学术等级机制内各种名家权势所惑。最终判断学术真伪是非的只能是科学理性本身。

作者简介

李幼蒸，1936 年生，国际著名符号学家，旅美独立学人，中国社科院世界文明比较研究中心特约研究员，国际中西哲学比较研究学会（ISCWP）顾问。曾任国际符号学学会（IASS）副会长，法国高等社会科学院短期客座教授（1990），柏林工大和德国波鸿大学哲学所客座研究员（1988—1997）；先后在普林斯顿、哥伦比亚、慕尼黑等校哲学系（1982—1984）、法国人文科学基金会（MSH）、辅仁大学中西比较研究所、佛光大学哲学系，以及斯坦福大学比较文学系（1989—1999）等学校和研究机构访学。研究方向主要有现象学、解释学、符号学、结构主义、中西比较伦理学等。主要著作有《结构与意义》《理论符号学导论》《形上逻辑和本体虚无：现代德法伦理学认识论研究》《历史符号学》《仁学解释学》《仁学与符号学》、*The Structure of the Chinese Ethical Archetype*（中国伦理学原型的结构）、*The Constitution of Han-Academic Ideology*（汉代学术意识形态的构成）、*Epistemological Problems of the Comparative Humanities*（比较人文学术的认识论问题）等。主要译著有《纯粹现象学通论》《野性的思维》《结构主义》《哲学和自然之镜》《符号学原理/写作的零度：结构主义文学理论文选》《符号学原理》《符号学历险》《结构主义和符号学：电影理论文选》等。

理论研究

浅谈半-象征系统

张智庭

摘　要：在现代法国符号学研究中，相对于早期以研究符号及其系统的“结构符号学”(sémiologie)（现在有学者将其翻译成“符号论”）来说，格雷马斯（A. J. Greimas，1917—1992）创立的“叙述符号学”（sémiotique），或称巴黎符号学派符号学，今天无疑已经是主流，它甚至取代了“结构符号学”一词，成为法国符号学的统称。在叙述符号学中，相对于人们介绍较多的属于“陈述活动”方面的“叙述语法”“叙述程式”“符号学矩阵”等重大概念来说，我们今天介绍的是属于“小范围”的一个概念——“半-象征系统”。不过，这种“小范围”的符号学关系，最终还是服务于总体的“陈述活动”，并进入其中和对其产生影响。

关键词：半-象征系统　叙述符号学　能指　所指　相符性

1 “半-象征”概念的提出与研究

“半-象征”（semi-symbolique）概念，也表述为“半-象征系统”“半-象征编码”或“半-象征言语活动”。从其以这样的名称被表述时起，它首先见于格雷马斯和库尔泰斯（J. Courtés）合著的《符号学：言语活动理论的系统思考词典》（*Sémiotique. dictionnaire rasonné de la théorie du langage*, 1979, 1993），该词典做了这样的阐述：“与形式的言语活动相对立的，是‘视为整体性的’（molaire）言语活动或半-象征的言语活动，它们不因各孤立要素间的相符性而因范畴间的相符性具有特点。”（格雷马斯&库尔泰斯，2021：309）两位作者所举的例证，就是表示“是”与“否”的人的举止活动：上下的竖直方向的“点头”表示“是”，左右的水平方向的“摇头”表示“否”，即我们汉语中所说的“摇头不算点头算”之意。两位作者将这种表现定义为“对应等值”（homologation）关系。当然，就世界范围而言，也并非都是这样的情况，我们不去细说。后来有研究者菲利克斯·蒂尔勒曼（Félix Thrlemann）将这种对应等值关系表述为下面的公式：“竖直:平行::肯定:否定”（A. J. Greimas & J. Courtés，II：204）。

对于格雷马斯和库尔泰斯在其词典中所说的“整体性的”概念，我一直不是很理解。我在翻译这部词典时，于颇费斟酌后的懵懂之中只好做了“直译”的处理。不过，在写这篇文章之前，我还是向格雷马斯的亲授弟子、后来也不乏使用这个概念的雅克·丰塔尼耶（Jacques Fontanille）教授发去了邮件求助。他的解释如下：“格雷马斯区分两种系统（或两种言语活动）：1）以各种对立关系或多种区别性特征组成的网系出现的系统，如某种自然语言，这样的网系因其过于庞大，人们无法一下子就将其掌握；2）一些微观系统（即一小“簇”区别性特征或对立关系）构成了一些小规模的意蕴单位，而人们则可以一下子将其直接地理解为像是一个整体（一种克分子［mole］）。半－象征系统就是对于第二种情况的最好说明。”借助于这样的诠释，我开始理解，在格雷马斯开创的“叙述符号学”体系中，“半－象征”是其较小单位的符号学关系。这样一来，格雷马斯和库尔泰斯在词典中所说的前缀“半”（semi-）字便可理解为是“局部的”之意，而“整体性的”也就可以理解为“小单位整体的”之意，因此对于“半－象征”的通俗表述似乎可以是“局部的完整象征系统”。不过，“半－象征系统”虽然处于小范围之内，却具有不可小觑的重要性，在某些特定话语中甚至构成主导型符号学关系。

“半－象征系统”概念的提出，随后在巴黎符号学派的叙述符号学研究内部引发了多位学者的深入研究，从而推动了对于这一概念的进一步认识。其中以让–玛丽·弗洛什（Jean-Marie Floch，1947—2001）最为突出。他给出的更为明确的解释是：“与纯粹的象征系统（例如形式的言语活动）相反，半－象征系统是一些意蕴系统，它们不是被表达平面与内容平面之间的相符性所确定，而是被属于这两个平面的诸多范畴之间的关联性所确定。近几年来，半－象征言语活动概念（也可以称之为半－象征系统或半－象征编码）尤其被揭示为在对于造型话语和诗歌话语的研究之中是操作性很强的。为了标记半－象征编码，人们使用对应等值这样的表述。”（A. J. Greimas & J. Courtés，Ⅱ：204）。这一解释中提到的“范畴之间的关联性”概念很重要，即两个平面各自的诸多范畴之间，只要具备一种或多种“关联性”，就可构成“半－象征系统”或“半－象征编码”。

让–玛丽·弗洛什还认为，半－象征系统可以借助于多种方式来实现：1）一种半－象征系统可以建立在能指的一种真正的冗余重复基础之上，即依靠能指重复来产生“言外之意”；2）一种半－象征系统可以在一种声音实质（substance）中或一种视觉实质中或其他实质中得以实现——在笔者看来，这里说的实质概念就是指声音或视觉方面的物质表现。这是沿用丹麦语言学家叶姆斯列夫（Louis Hjelmslev，1899—1965）关于表达之实质与表达之形式和内容之实质与内容之形式的说法，而在符号学名下的诸多学派，无不是对于内容之形式的各种研究。其实，在这两种实质中可以实现“半－象征系统”的成分，就是其所谓“超音段”的部分；3）一种半－象征系统可以借助于一种鲜明的对照（反衬）组织形式在同一个文本中实现；4）当我们考虑一种话语的形象维度与其符号学叙述构成成分之间的关系时，可在该话语的内容平面之中辨认半－象征系统，原因是形象性的某些相对深在的范畴可以超出字面的意义（即能指与所指的“相符性”带来的意义效果），而对应等值于一些价值范畴；5）让–玛丽·弗洛什提醒我们，半－象征系统中通常都带有着“意愿性”或“动机性”。可见，在半－象征系统上可研究的内容非常之多，而近年来的深入探讨又为我们极大地拓宽了相关领域。

让-玛丽·弗洛什以其对于图像的著名符号学分析，出色地将半-象征系统应用到了对于连环画和一些绘画作品的分析方面，具体地阐述了上述相关方面在被分析对象中的出现情况和其在整体陈述活动中的作用，获得了极大的成功。他的成功甚至让我们难以再将带有半-象征系统特征的符号学关系看作“小范围的”。比如，他对于法国漫画家拉比耶（B. Rabier，1864—1939）创作的联幅漫画《舒适的巢》（*Un nid confortable*）的分析，堪称对于半-象征系统分析的绝佳范例。这组有着三联共六幅的漫画讲的是一个小男孩与一只乌鸦之间发生的故事。小男孩推着一个铁环在斜坡上玩，一只乌鸦飞来叼走了铁环，放在一棵树的树杈上，然后又把小孩子的帽子叼走，放在铁环的中央，做成一个鸟窝，随后在窝里孵出了几只小乌鸦。弗洛什通过对于这个故事中以斜坡为界的树上和地面之间关系的分析，最后把人们带向对于自然与文化的关系的理解，其对应等值关系可以表述为：树上:树下（地面）::自然:文化。他由此告诉人们：“如果我们假设一个文本或一幅图画的形象性与其抽象内容之间的关系可比之于一个能指与一个所指之间的关系的话，那么就可以预见，形象话语的内容便可以全部或部分地属于一种半-象征编码活动。”（安诺·埃诺，2019：105）弗洛什还指出，半-象征系统多出现在“混合性符号系统”之中。例如，在绘画中某种颜色的重复使用，是源自画家对于这种颜色的社会价值的认知，画作中的线条粗细分明是所代表之物的力量大小的体现，等等。他还指出，在诗歌创作中，某种形象的重复出现，既可以帮助我们理解诗作的风格，也会有助于我们找到其深在的寓意。

在这之后，又有雅克·丰塔尼耶和德尼·贝特朗两人在他们有关身体的研究文章中谈到了“半-象征系统”。丰塔尼耶先是在《话语符号学》（*Sémiotique du discours*，1999，2003，2016）一书第三章第三节“话语句法”中，把半-象征放在各种同位素性之间的接合关系（connexion）中来论述，指出：“各种同位素性之间的接合，可以借助对于它们是共同的一些普通外在形象来保证”，任何符号学领域的“同质性”（homogénéité）“只能在一种同位素性的多种要素进入与另一种同位素性的多种要素等值的关系中才可得到保证；于是，在这种条件下，这些同位素性中的一种，就可以表现为另外一种或另外多种同位素性的一种表达平面”（Fontanille J. 1999，2003，2016：137），“这种接合类型被称为半-象征系统”。（Fontanille J. 1999，2003，2016：138）我们知道，由格雷马斯从物理—化学术语中引入的同位素性概念，指的是“至少将两个义素外在形象结合在一起的组合体可被看作允许建立一种同位素性的最小语境”（格雷马斯 & 库尔泰斯，2021：177）。这就告诉我们，在同一个语境中，表达平面的各个范畴与内容平面的各个范畴之间的相关性，就是一种同位素性关系；也是在这一节中，丰塔尼耶告诉我们，半-象征的原理最早是由列维-斯特劳斯（Lévi-Strauss，1908—2009）建立的。列维-斯特劳斯在表述神话的结构时，就提出“两种外在形象的对立与两种功能之间的对立密切联系着”（Fontanille J. 1999，2003，2016：138）。这显然是对于两个平面“诸多范畴之间的关联性”的另一种表述。丰塔尼耶在其稍后出版的《身体与意义》一书中认为，“每一种具体的话语都可以重新确定和移动表达平面和内容平面之间的关系”（雅克·丰塔尼耶，2021：11），而“像似性调整基本结构便是半-象征结构”（雅克·丰塔尼耶，2021：142）。这些论述仍然是在谈表达平面与内容平面之间的“不相符性”以及如何制造“不相符”的半-象征系统，来实现一定的审美效果和“意义效果”（effet de sens）。至于德尼·贝特朗，他在2006年于意大利符号学学会上宣读的《半-象征与象征效果》（“Semi-symbolisme et efficacité symbolique”）的文章，结合再现纳粹集中营一位幸存者难于通过口头而只能借助于想象才能表达已经“不在场”的其在集中营中“生存恶劣性”的困难，通篇谈的都是半-象征系统的组织和运用的复杂情况。他认为，为了把一种不在场与一种再现的不可避免的在场接合在一起，“半-象征就像是解开意蕴有效性的关键，就像是活生生的经验与话语之间的接合原则”（A. Hénault，2019：273），“半-象征论似乎带有着意义的很强的双价特征，带有着其形式的和可感性的两个方面的半-象征论”。（A. Hénault，2019：273）他还认为，建立“半-象征”的“首要条件”就在于知道，“言语活动的能指平面”如何“建立起与内容平面的范畴是共同的范畴”（A. Hénault，2019：277）。说得直白一些，就是在无“相符性”的两个平面的各自诸多范畴之间去寻找对于两者是共同、甚至是共通的范畴，这与丰塔尼耶的“同位素之说”是一致的。按照德尼·贝特朗的观点，在他分析的上述对象中，主要的符号学关系就是半-象征系统，总体的陈述活动也是建立在多层次的半-象征系统基础上的。

至此，笔者认为，结合罗兰·巴特（Roland Barthes，1915—1980）有关文学符号学特征的论述，“半-象征系统”也可以说成是一种“二级”符号学关系类型，即其能指与所指并非处于“直接关系”，而是依靠“间接关系”建立起来的一种类型。但是，这种关系类型又不是一种隐喻，因为我们通常把“隐喻关系”只理解为修辞学意义上的“可改变单词意义”的现象，即“被用来命名一个已知语境中一个词位被另一个词位替换——这种替换是在意义等值基础上进行的——的结果”（格雷马斯 & 库尔泰斯，2021：200）——这种“替换”通常是在同一个聚合体内不同词项之间进行的意义“等值替换”。其中自然也以一种同位素性关系为基础，但“半-象征系统”是建立在一种符号关系的两个平面各自范畴之间（而非一个聚合体内不同词项之间）借助某种同位素性而建立的“对应等值”基础上的。因为在某些符号学家看来，符号学最终将会发展成一种新的话语修辞学，那么对于“半-象征系统”在修辞学上的确定，自然将会引起热烈的讨论。概括说来，符号的能指与所指之间出现“不相符性”和两者之间在一定的动机下借助于多种操作来建立各自范畴间的关联性即共同性或同位素性，是“半-象征系统”概念和操作的主要特征。

如今，在我们已经见到的对于带有“半-象征系统”特征的对象的分析中，通常是对于高与低、位置安排、距离远近、指向寓意、线条粗细、习俗寓意等的内容。下面，笔者依据自己的观察和思考，首先结合我们日常生活中的一些实例，简要地谈一下在“表达平面”与“内容平面”不“相符”，但其各自范畴之间却具备“关联性”的条件下构成的一些“半－象征系统”情况，以便建立起对于这种系统的初步认识。然后再进入对于更为深入和复杂的“话语研究”的“半－象征系统”的探讨。

2 生活中的半－象征编码

可以说，“半－象征系统”在我们日常生活中比比皆是，而在我们的语言与文化中，又有其特殊的表现。

2.1 位置高、低的半－象征意义

位置的高与低所代表的特殊意义，是我们最为经常见到的半－象征系统之一。

2018 年 6 月 9 日，七国集团峰会在加拿大魁北克举行。峰会结束后，德国总理默克尔授意发布的一张照片在社交媒体上被广泛传播，成了人们对于那次会议的特殊记忆，也形象地展示了七国集团成员国之间颇具冲突性的内部利害关系。

图 1　各国首脑和高官及美国时任总统特朗普

这是一张“混合编码”照片：

(1) 从位置上讲，七国集团的六方小兄弟们处于居高临下的位置，显示这些小兄弟们据理抗争、气势占上的场面。我们把与“高”相对应的“范畴”称为“权威”，他们此时处于与“权威”的状态，而特朗普因身处低位则处于与“权威”析取的地位。

(2) 目光的对峙。默克尔身居高位，目光直逼特朗普，具有“高权威”价值；特

朗普位居低位，情势被动，而且眼睛里显示出“惊异”“错愕”，具备的是“无权威”的价值。特朗普的安全顾问博尔顿与法国总统马克龙对视，博尔顿表现出“惊愕”，马克龙的眼神是一种“质问”；马克龙也处于与“权威”合取的状态，而博尔顿则不具“权威性”。

（3）胳膊相盘。这一举止在西方文化中有多重意味：一是表示“无奈”；二是表示“不予理睬”；三是“无可奉告”。特朗普盘起胳膊表示的是“不予理睬”和“无可奉告”，处于“无权威”的地位。这几方面的强烈“反衬”都说明，美国的霸权主义已经失去了向其小兄弟们“发号施令”的能力。日本首相安倍晋三盘起胳膊表示的是“无奈”，他两边都不想“得罪”，等等。当然，这幅照片的画面反映了两种“指示性”：一是告诉世界“G7 会议”的不成功；二是摄影师的拍摄角度说明了他的判断。其实，这幅照片是默克尔授意发表的，无不表现出她的动机性。

2.2　座位的半-象征意义

一般说来,在外交礼仪之中，都有着比较固定的为世界所通用的位置安排。为表示“平等关系”，或者是开“圆桌会”，或者是用两排座位；位于每一侧中间的是主谈人员，旁边人员则是主谈人员的译员、同事或随从。而在国家元首之间，不论国家大小，都应该是被安排在“平等关系”的位置上。下面是两例引起热议的事件：

（1）2020 年的一天，美国时任总统特朗普接见一位外国总统时的安排，就是他坐在办公桌之后的位置，而让这位外国总统坐在对面的一把椅子上。特朗普并非按照“平等关系”来安排这次会见的，而是有意无意地按照“主位次位”来安排的。这种安排让人想到的关联意义是：老师与学生、法官与被审人员。这张照片，可以说明，特朗普所代表的美国霸凌主义已经发展到了无所顾忌的程度，而其动机明显可见。

（2）据美国《华盛顿邮报》报道，当地时间 2021 年 4 月 6 日，土耳其总统埃尔多安会见欧洲理事会主席米歇尔和欧盟委员会主席冯德莱恩。期间出现了尴尬的一幕：埃尔多安和米歇尔坐在两把准备好的镀金椅子上。视频显示，一旁的冯德莱恩看到两人坐上椅子，在原地愣了一会儿，发出一声“呃”（Ehm）后，坐到一旁的沙发上。沙发的对面则是土耳其外长查武什奥卢。《华盛顿邮报》提到，“按照典型的外交礼仪，他（查武什奥卢）的职位较低”。随后，这起“椅子风波”引发一些欧洲议会议员的不满。因一把椅子引发的外交风波持续发酵。英国路透社报道称，意大利总理德拉吉 4 月 8 日谈及土耳其总统埃尔多安日前会见欧盟两位高官时没有给欧盟委员会主席冯德莱恩准备同类坐椅一幕，指责埃尔多安是在“羞辱”冯德莱恩，还称土耳其一些人为“独裁者”；意总理言论也引发土方不满，土耳其外交部不仅召见了意大利大使，土外长也公开发声谴责有关言论。当地时间 4 月 8 日，土耳其外长查武什奥卢就“埃尔多安没给冯德莱恩留坐位”一事做出回应称，之前曾与欧盟方面进行交流，座位安排是根据他们的建议而做出的。在此，动机性出现了混乱和冲突。

2.3 习俗的半－象征意义

从符号学上讲，习俗大多是在一定动机之下“约定俗成”的，其在表面能指之下的所指是人为规定和逐渐确立的。因此，它带有着时代、地域和文化的烙印。这类半－象征系统主要表现在礼仪等方面。

（1）疫情之中的“握手”。各个国家和民族甚至不同的地区，都有着自己接人待客的礼仪，这些礼仪都离不开肢体语言。我国古代兴打躬作揖，后来则采用了世界多国使用的握手。突如其来的新冠病毒疫情，为人们的交往带来了极大影响，为了不至于相互传染，人们在交往中，发明了多种方式。欧洲多采取了“碰肘”。碰肘也是借助于身体一部分的“平等接触”来表示见面时的平等友好态度。据说，我们国家最初也曾考虑采用“躬身”或“作揖”，但最后也采用了欧洲兴起的方式。

（2）最近，看到一个视频，讲的是一位美丽的藏族姑娘向外地游客介绍她所在地区一种藏族习俗的故事。这位姑娘说，藏族人民很欢迎内地人到访他们生活的地区，了解他们的文化。但就习俗来讲，有一种习俗可以作为很好的例证，来说明“半－象征系统”。她介绍说，在客人入住他们家之后，晚上睡觉时，若脚朝向门口躺下，那就意味着这位客人在此住上一两天后就离开；如果客人头朝向门口，因此脚朝向里面的时候，他们就理解，这位客人想在此长住下去，甚至有可能在此成家。于是，在接待上，他们就会对后一种情况表现出特殊的关照，也愿意为客人介绍未婚女子。不管是哪一种情况，其中都无不透漏出一定的动机性。于是，脚的朝向构成了下面的对应等值模式：

脚朝向门口：脚背向门口：：离开：长住

2.4 方向性的半－象征意义

下面，我们举两幅绘画中“半－象征系统”的出现情况——笔者认为，半－象征系统似乎是绘画作品中的基本符号学关系，无此，便无从谈起绘画作品中的陈述活动。

第一幅是俄罗斯现实主义画家列宾（I. E. Repin，1844—1930）的一幅油画。这是列宾晚年的一幅画作，画面中伏案写字的人就是俄国大作家托尔斯泰。在画面中，墙上斜挂着的正对着他头顶的，是一把木工锯，长镰刀的尖端也是朝着这个方向。其实，这就是在告诉人们，托尔斯泰晚年的日常生活，就是在做木工活儿和参加农田劳动之中度过的。

第二幅，是文艺复兴时期“后三杰”之一的意大利著名画家拉斐尔（Raphael，1483—1520）的名作之一《雅典学院》。这幅绘画中有50多位在拉斐尔所处时代之前的著名数学家、哲学家、天文学家。其中有苏格拉底、柏拉图、亚里士多德、毕达哥拉

图 2　托尔斯泰在他的庄园里写作

斯、阿基米德，还有国王，当然也有拉斐尔自己。公元前 387 年，在古希腊时代，柏拉图在雅典创办了雅典学园，即后来所称的雅典学院，开设了数学、哲学、声律学等多种学科。需要指出的是，拉斐尔把不同时空的代表人物都放在了一幅绘画之中。其中，最为闪亮的人物当属图 3 处于画面中间的柏拉图和亚里士多德这两位哲学家。柏拉图左手拿着他的《蒂迈欧篇》，右手食指指向天空；亚里士多德左手拿着他的《伦理学》，右手掌心向下。两人的手势完全相反，代表着两人截然不同的哲学观：柏拉图的学说超越

图 3　拉斐尔名作《雅典学院》中的柏拉图（左）和亚里士多德（右）

我们人类社会的理念世界，他关心的是我们人类的心灵升华、精神体验；亚里士多德关心的是更加实际的规则，比如法律、道德、伦理，这些较之心理和精神，都是更为底层的东西。这两种不同的思维方式，恰恰是西方哲学的两大源头。结合“半－象征系统”的一般表述，我们似乎可以将他们之间的反衬关系表述为：

食指朝上:手掌朝下::心灵精神:法律治理

2.5 影响力的半－象征意义

一个人在社会上担任的“职务”，有时是不能只从职务的名称、大小来理解的。在不同的社会文化背景下，它具备着与职务相关联，但又远远超出职务名称所意味的不同的“影响力”，因而带来的结果是不同的。这样一来，“职务”便又从其他“范畴”得到了解释。影响力，是与一定的社会发展阶段联系在一起的，因此它带有着明显的所属时代的文化价值。

(1) 同一个施瓦辛格

图4　施瓦辛格睡街头与自己雕塑合影

著名演员阿诺·施瓦辛格（Arnold Schwarzenegger）最近张贴了一张他在他的铜像下方街道上睡觉的照片，并悲伤地写下“时代如此变化”（“How times have changed”）

他写这句话的原因不仅是因为他年纪大了，而且是因为他当加利福尼亚州州长时，曾出席了这家以他的雕像为名的酒店的开业典礼。酒店的工作人员告诉施瓦辛格，“任何时候您都可以过来，我们会为您预留一间房间。”当他从州长位子上下台后再前往该酒店时，酒店经理拒绝给他房间，说他应该付钱，因为他们酒店房间现在供不应求。

他带着一个睡袋，站在雕像下方，解释他想传达的信息："当我处于重要位置时，他们总是称赞我，当我失去这个位子时，他们便忘了我，也不再遵守诺言。不要相信你所拥有的地位或金钱，也不要相信你的力量，也不要相信你的智慧，这些都不会长久。"

他试图告诉大家，当人们认为你"重要"的时候，每个人都是你的"朋友"，但是一旦你不符合他们的利益时，你就无所谓了。

"你不会一直是你以为你会一直是的那个人，没有什么是永远的。"("You are not always who you think you will always be, nothing lasts forever.")

在这幅照片中，首先，以雕塑的石墩为界，石墩之"上"是"高贵""张扬"，石墩之"下"是"低贱""卑微"；其次，上面的雕塑与下面的睡袋，在同为一个主体的情况下，形成了鲜明的"反衬"（对比），从而构成了一种代表性很强的"半-象征系统"；再次，我们借助于照片下施瓦辛格说的话——"时代如此变化"，明白地看出，施瓦辛格对于自己后来的命运和遭遇表现出的愤懑，这实际上是对于社会在价值判断上的批判。照片下面的"文本"中还有一句话是值得深思的："他试图告诉大家，当人们认为你'重要'的时候，每个人都是你的'朋友'，但是一旦你不符合他们的利益时，你就无所谓了。"我们汉语中也有表达类似意思的谚语。可见，"半-象征系统"对于认识世界具有特殊有效的意义。

(2) 地位的特殊影响力

笔者曾分析过一篇微型小说《病》。小说讲的是一位老者在住进医院后，最初无人前来看望，他因此郁闷不乐；但是没有过多久，前来看望他的人络绎不绝，送来的礼物也堆满了病房，甚至连他多年在外地工作的儿子也回来了。他满以为自己的"上限到了"，结果儿子的一句话，让他明白了一切。儿子对他说："我调回本市当市委书记了。"市委书记位高权重，正是这种"位置"调动了社会上一些趋炎附势之人的阿谀奉承，也满足了老者所需要的一切。

2019 年 8 月，云南省凤庆县原农业农村局党组书记、局长杨某发在任职期间，儿子考上了大学，杨某发收受了除其亲属以外 585 人所送升学礼金共计 30 余万元。此外，杨某发还存在其他违纪违法行为。最终，杨某发受到留党察看一年、政务撤职处分，降为四级主任科员，违纪违法所得予以收缴。

"书记"也好，"局长"也好，都本是一种职务名称，是一种社会职责，但这一名称与"捞取利益"建立起了"关联性"。

2.6 材料在造型艺术中的半-象征意义

通过不同材料的加工，可以获得不同的艺术审美效果。"审美效果"作为"意义效果”的一部分，是与所用材料的本质和品相有着密切的“关联性”的。各种宝石加工后的成品与宝石原有的质量和纹理密不可分，因此，宝石的审美效果是与其“跨界的”材料相关联的。再如，象牙雕刻和金质的各种物件，都会因其材质的高贵而价值不菲；最为明显的例子就是，体育项目比赛的结果，常以“金牌”“银牌”“铜牌”来代替第一名、第二名和第三名。这方面的例子很多，我们不再赘述。下面，我们举日本的“刺身”食品为例：日本“刺身”美食艺术家，竟将少女形象摆进餐盘。

刺身鱼的品种是多种多样的，常见的是金枪鱼、三文鱼、鲷鱼、鱿鱼、虾、贝等，它们有着不同花纹、光泽、纹理、颜色、透明度等。对于制作成艺术品的这种食物的食用，用餐主体是不会马上下筷子的。他们一般会是经过将其当作艺术品来欣赏之后再当作食品来食用。因此，他们的用餐过程是：等待（与食物对象析取）→欣赏（与食物对象析取）→吃掉（与食物对象合取）。可见，这种美食艺术追求的是“美味”与“审美”累加的效果，甚至后者大大超越了前者，实现了“超音段”的意义效果。

2.7 汉字中的“谐音字”构成丰富的“半－象征系统”

汉字由于有四声，同音异义、同词异义的情况非常之多。利用“谐音”与原本“无关联性”的事物之间建立起“关联性”，从而实现了“转义”，因此“谐音字”似乎是汉语中构成“半－象征系统”的重要手段。不过，需要指出的是，在利用谐音构成的“半－象征系统”的情况下，我们难于发现其中有“同位素性的存在”。因为两个平面之间只具有相同或共通的成分即“同音”，而找不出可以构成最小同位素性的两个相同义素，这也应该是汉语所具有的不同于曲折语系语言的特点之一。在这里，我们仅举谐音诗词、谐音联、民俗和歇后语及“转义语”的一些情况。

（1）谐音诗词

在谐音诗词方面的例子，我们可以在古诗词中举出许多。可能首先想到的是唐代诗人刘禹锡（772—842）的著名言情诗《竹枝词二首·其一》：

杨柳青青江水平，闻郎江上踏歌声。
东边日出西边雨，道是无晴却有晴。

诗中的“无晴”和“有晴”乃“无情”与“有情”之谓，它们借助于发音相同这一共同点而使得原本毫无“相符性”的两者之间出现了自然的、顺通的“转义”，这是我们都知道的。

其实，不光是刘禹锡，其他多位诗人也被认为写过谐音诗，例如温庭筠（812—870）的《杨柳枝》：“井底点灯深烛（嘱）伊，共郎长行莫围棋（违期）。玲珑骰子安红豆，入骨相思知不知”；再如更早的李白（701—762）的《子夜秋歌》：“仰头看桐树，桐花特可怜。愿天无霜雪，梧（吾）子解（结）千年”，等等。

（2）谐音联

在谐音对联方面，更是数不胜数。谐音联，是利用汉字中同音异义字词和同字多音或多义的特点。使联语之间出现两种（双价）或多种（多价）“关联性”意义，既可以从字面上理解，又可以联想更深层的意思，这符合“半－象征系统”的概念。用谐音法制作的楹联，联谜兼备，别具情趣。

例如，同音异义的情况：

上联：思南（男）女子铜仁去

下联：上蔡（菜）初始（厨师）会理来

再如，同词异音的情况。在这种情况里，知悉同词多义和准确地找对需要的发音，即建立起正确的“关联性”是重要的：

上联：海水朝 朝朝朝 朝朝朝落（朝，有时也作“潮”）

读音为：haishuichao zhaozhaochao zhaochaozhaoluo

下联：浮云长 长长长 长长长消（长，有时也作“常”或“涨”）

读音为：fuyunzhang changchangzhang changzhangchangxiao

（3）民俗、歇后语及“转义语”

有些民俗，就来自“谐音”带来的“意义效果”，这方面的例子很多，比如：“正月不剃头，剃头死舅舅。”这一说法源于清朝政府强制百姓的“剃发令”，当时有“留发不留头，留头不留发”的说法（指的是，剃掉中原人过去的头发而留长辫，否则就会遭到砍头）。人们为了默默地反抗这一政策，在正月不剃发，为的是“思旧”，意味着不忘祖，结果就慢慢地被传成了“死舅”，后来便出现“剃头死舅舅”之说。再如，在海上作业的渔民们，任何时候都不能说“翻过来”一语，其最初似乎仅指做面食时不能说“把饼翻过来”——渔民们联想到的是“翻船”之灾，后来泛指所有在船上带有翻动的动作。再就是，在小孩子或客人因为不慎摔碎杯子或饭碗的时候，大人或主人都会说“岁（碎）岁（碎）平安”，以安抚对方。笔者在写这篇文章的时候，也正经历2021年“高考”期间，从电视上看到考生妈妈，不少都身穿漂亮的旗袍，而且侧面的开缝都是高高的，除了显示个人精神振奋和身材漂亮之外，还有着特殊的意味，那就是希望自己参加高考的孩子“棋（旗）开得胜”。

在歇后语方面，那就更多了，例如：咸菜煎豆腐——有言（盐）在先；猪八戒拍照——自找难堪（看）；四两棉花——谈（弹）不上；梁山泊军师——无（吴）用；一个墨斗弹出两条线——思（丝）路不对；怀儿婆过独木桥——铤（挺）而（儿）走险，等等。这些歇后语，都是利用“同音不同义”的共同点而实现了“转义”。似乎可以说，以往对于“歇后语”的研究，缺乏统一的认识和方法论的确定，如今我们可以从“半－象征系统”概念为其找出符号学意义上的理论依据。

转义，是借助于“谐音”或“近似谐音”（即其韵母相同的词字）而实现的，而我们现在只用其“转义”后的异义词语。例如：“无毒不丈夫”（原句为“无度不丈夫”）“嫁鸡随鸡，嫁狗随狗”（原句为“嫁乞随乞，嫁叟随叟”），“舍不得孩子套不住狼”（原句为“舍不得鞋子套不住狼”，句中的“鞋子”在南方一些省份中读音为“孩子”），还有“狗屁不通”（原句为“狗皮不通”），等等。

3 文学作品中的“半 - 象征系统”

我们现在来谈文学作品中的“半 - 象征系统”。

3.1 诗歌作品中的“半 - 象征系统”

我们在这里说的诗歌，指的是注重表现的抒情诗，而不是叙事诗。在雅各布森看来，诗学讯息就在于“强调讯息自身”。我们结合汉语诗的情况来说一说其中的“半 - 象征系统”表现情况。

古汉语诗词中的格律，是诗歌表达成分的重要组成部分，同时它们也是“超音段”的主要依据。在处于“超音段”的情况下，能指与所指便处在“不相符”的状态之中，而“超音段成分”往往带来的是更为丰富的“意义效果”。首先，汉语古诗，不论是“五绝仄起”或是“五绝平起”，还是“七律仄起”或是“七律平起”，“平仄”使得古诗读起来抑扬顿挫，朗朗上口，起着增加节奏感的作用，并使人沉迷于意境之中，一定程度上都超出了文字本身所达到的效果。其次，在韵脚上，以北方语音为基础的诗歌韵脚，被分为“十三辙”，至今被人依随而广泛使用。其中，江阳辙（包含韵母为 ang、iang、uang 的字）给人以高亢和雄壮气魄（如毛泽东主席的《七律·人民解放军占领南京》：“钟山风雨起苍黄，百万雄师过大江……”），“衣期辙”（包含韵母为 i、ü 的字）让人感到压抑或嬉戏（如鲁迅的《惯于长夜过春时》一诗中的“忍看朋辈成新鬼，怒向刀丛觅小诗……”），“中东辙”（包含韵母为 eng、ing、ueng、ong、iong 的字）则给人以雄浑和震撼气势（如贺敬之的《雷锋之歌》），等等。

笔者还想到汉语诗歌中“赋、比、兴”的创作手法，他们最早见于《诗经》。其中，“赋”是直接陈述，“比”即“比喻”，即以彼物喻此物，而“兴”就是先言他物，再言此物，因物起兴，是具备“半 - 象征系统”特征的。这种“兴”的艺术表现手法，主要用来渲染气氛。《诗经》中的“兴”，用朱熹的解释，是“先言他物以引起所咏之辞”，也就是借助其他事物为所咏内容作铺垫。它往往用于一首诗或一章词的开头。例如《卫风·氓》中“桑之未落，其叶沃若”就是兴；后来，比较多见的是“比兴”结合在一起入诗或入文。笔者认为，我国现代诗人李季、贺敬之的作品就借鉴过这种“比兴”的手法。李季的《王贵与李香香》长诗中有“山丹丹开花红姣姣，香香人材长得好”“太阳落山红艳艳，香香担水上井畔”等诗句；贺敬之的《回延安》一诗中的“树梢树枝树根根，亲山亲水有亲人。羊羔羔吃奶眼望着妈，小米饭养活我长大”，也是这种“比兴”结合的佳句；当代方文山作词的《青花瓷》中“天青色等烟雨，而我在等你”一句，即以天空、烟雨为兴，引出后句中所要表达的重点。我们似乎可以这样说，“兴”或“比兴”的手法所引起的“气氛”，便是前后所需要的共同东西。

除了这些，诗歌中经常出现的即让–玛丽·弗洛什说的“冗余重复”，也起着增加“意义效果”的作用。这种情况，在《诗经》表现手法中最为突出，可以说是贯穿全书首尾。其第一篇《关雎》一诗中“窈窕淑女”四次出现，《桃夭》中的“桃之夭夭”出现了三次，《鹊巢》中的“维鹊有巢”也出现三次，等等，数不胜数。至于近现代的诗歌创作，我们也可以举出许多“冗余重复”的例子。徐志摩的六节诗《我不知道风是在哪一个方向吹》一诗，每一节都以“我不知道/风是在哪一个方向吹”开始。贺敬之也借鉴了这种手法，在其多篇诗歌有所体现；他的《三门峡歌》中就有“望三门，三门开，‘黄河之水天上来’”“望三门，三门开，黄河东去不回来”“望三门，门不在，明日要看水闸开”的明快诗句。

3.2 叙事作品中的“半–象征系统”

叙事作品，就是指小说类作品或叙事诗。在这类作品中，除了属于叙述性的各个方面（叙述程式、矩阵、模态），还有一些属于内容的组织机制，这便是作品中的各种“外在形象”。这些外在形象虽然属于内容，但它们最终也参与叙事的陈述活动。前面，让–玛丽·弗洛什告诉我们，当我们考虑一种话语的形象维度与其符号学叙述构成成分之间关系时，可在该话语借助各种外在形象建立起来的内容平面之中辨认半–象征系统，找出可以对应等值于一些价值范畴的那些相对深在的形象性，即某种“益处效应”。在这一方面，“喜出望外”“大为惊愕”等都是这种“益处效应”的表现情况。

这里，我们举鲁迅先生的小说《药》为例。作为这篇小说的题目，“药”这个词为我们提供了一种属于“物质对象”的外在形象。根据符号学的概念，外在形象是一些内容单位，他们服务于说明和装饰行为者角色及其充当的功能，正如格雷马斯所说：“在话语语义学上……我们将这一术语只留给与自然符号学的表达平面的外在形象相对应的内容的外在形象。”而对于内容的外在形象的分析，到目前为止，符号学上通常坚持两点：一是先给出特定外在形象的定义，而这种定义通常又是观念上早已形成的，因此也不需要特别介绍；二是追踪其在话语中被使用的情况，以印证其定义和作用。

在鲁迅先生的这篇作品中，“药”首先出现在小说的题目中——我们惊奇地发现，这也是在全篇中唯一被提到的地方。药，显然是可以治疗疾病的物质产品。这篇小说伊始，用了较多的文字介绍了开茶馆的华老栓为患病的儿子小栓获得“药”的过程：“秋天的后半夜，月亮下去了，太阳还没有出，只剩下一片乌蓝的天。”这是一种时间“固位”，说的是华老栓很早就起来了。小栓妈妈的一句问话“你就去么”？点出了出去的目的。她随后“在枕头底下掏了半天，掏出一包洋钱，交给老栓”，点出了是去花钱购买东西。随后老栓“便出了门，走到街上”。那么他去了哪里呢？“老栓正在专心走路，忽然吃了一惊，远远地看到一条丁字街，明明白白横着。他便退了几步，寻到一家关着门的铺子，蹩进檐下，靠门立住了……没有多久，又见几个兵在那边走动；衣服前后的一个大白圆圈，远地里也看得清楚，走过面前的，并且看出号衣上暗红的镶边。——一阵脚步声响，一眨眼，已经拥过了一大簇人。那三三两两的人，也忽然合作一堆，潮一般向前进；将到丁字路口，便忽然立住，簇成一个半圆……静了一会，似乎有点声音，便又动摇起来，轰的一声，都向后退；一直散到老栓立着的地方，几乎将他挤倒了。'喂！一手交钱，一手交货！'一个浑身黑色的人，站在老栓面前……那人一只大手向他摊着；一只手却撮着一个鲜红的馒头，那红的还是一点一点的往下滴。"至此，老栓去的竟然是一个行刑场，而用一包洋钱买到的，竟然就是一个"血红的馒头"。直到老栓似乎听得到有人问他"这给谁治病的呀"时，我们才惊愕地知道，这"血红的馒头"原来就是他要买到的"药"。这显然是在颠覆我们惯有的对于"药"的概念与理解，具有超乎寻常的价值意涵。在此，"人血馒头"带有了"食物"与"药物"的双价。在这一段"买药"的叙述行程中，有一个历史固位点，那便是那几个身穿"号衣"的兵让我们知道了故事发生的年代，即清朝；其中还有一个空间固位，那便是在一个十字路口，后面文字告诉我们"太阳也出来了……照见丁字街头破匾上'古囗亭口'这四个黯淡的金字"。这里的"古囗亭口"四个字，就是刑场了。那么，作为"药"的"人血馒头"是如何被使用的呢？"老栓也打开灯笼罩，用荷叶重新包了那红的馒头……一面整顿了灶火，老栓便把一个碧绿的包，一个红红白白的破灯笼，一同塞在灶里……他的母亲端过一碟乌黑的圆东西……小栓撮起这黑东西……十分小心地拗开了，焦皮里面窜出一道白气，白气散了，是两半个白面的馒头。——不多功夫，已全在肚里了，却全忘了什么味道。""药"就是这样被使用了，"人血馒头"变成了"两半个白面的馒头"。按照人们的常识，这种馒头对于治疗痨病是毫无疗效的。至此，我们无不为人们的无知、愚昧和根深蒂固的迷信感到气愤。

在阅读了一些辅导文字之后，我们知道了一些背景信息。文中夏瑜的"夏"与"秋"相对，"瑜"与"瑾"相对，便是影射秋瑾其人。这个"古囗亭口"其实就是影射秋瑾就义的地点——"古轩亭口"，而这种"影射"也是借助于能指与所指各自范畴的"相关性"来实现的。把沾满烈士鲜血的"血红的馒头"当作药物，自然出现了"能指"与"所指"极大的"不相符性"，完全属于那种形象性的某些相对深在的范畴对应等值于一些价值范畴的情况。经查阅资料，中医对于人血入药，在明代就已经逐步停止（之前虽然出现过用人血入药，但并非用人在被杀后的人血馒头入药，人血馒头是迷信的产物），尤其是《本草纲目》刊行后，李时珍明确反对用人血或人体器官入药的观点受到中医界的广泛认同，所以此后基本已经没有用人血入药来治疗肺结核等疾病的情况出现。也许，分析一下在人血馒头与治疗肺结核即痨病之间建立"相关性"的考虑是应该的。痨病在人类历史上很长一段时间内是无法治愈且传染性极强的痼疾。人们一旦被传染上，也就意味着生命的终结。而人血则是有生命力的，更何况是活人的鲜血，因此那些迷信之人便幻想人血的活力可以去除痨病带来的必然性死亡。在这里，

"活力"即生命可以看作是"死亡"的相反项，但它们又同处于一个"聚合关系"连对之中。此外，鲁迅的文章把在明朝就已经被人们反对和不再被用来入药的"人血馒头"放在晚清历史背景下，似在更为深刻地针砭当时社会的愚昧无知和封建迷信，起到了超出文字意义的形象价值和意义效果，从而直戳人们的陈旧意识。再联想到秋瑾(1875—1907)在"反清以恢复中原"的革命起义失败后，拒绝人们让她离开绍兴的劝告而甘愿被捕的英雄气概和她"革命要流血才能成功"的豪言壮语，似乎鲁迅先生内心有着用秋瑾的牺牲来唤醒广大人民群众的潜在心愿。鲁迅先生的《自题小像》一诗中有"我以我血荐轩辕"的诗句，与秋瑾的豪言壮语如出一辙，这似乎印证了笔者的这一联想。那么如此联想，也让我们很容易地理解了小说的结局：位于墓地左侧埋葬着"瑜儿"的坟"分明有一圈红白的花，围着那尖圆的坟顶……花也不很多，圆圆的排成一个圈，不很精神，倒也整齐……这没有根，不像是自己开的"。我们当然不会像瑜儿的妈想到的那样，是"他们都冤枉了你，你还是忘不了……今天特意显点灵"，而是认为有另外的人特意为其"制作"的一个花圈，暗示烈士的牺牲还是一定程度地唤醒了人们；或者，至少我们也可以认为，是鲁迅先生希望能够唤醒人们的一种意愿的形象化显示。加之，"瑜儿"的坟位于墓地"左侧"这一提示，我们无不想到，这是作者即"发送者"鲁迅先生的一种特意安排，因为"左侧"在当时已经是"左派"即革命者的寓意，这种寓意也是靠半-象征的"相关性"建立起来的一种认知。

在叙事作品中，创造一个成功的形象以达到超越文字本身之"意义效果"的例证很多。笔者在发表过的对于莫言的闪小说《狼》的分析中，曾多用笔墨探讨了该小说中狼变成的"中年男子"的形象价值。这篇闪小说讲述的是"肥猪"的主人与想吃掉他的肥猪的"狼"的斗智故事。狼"变成了一个白脸的中年男子，穿着一套洗得发了白的蓝色咔叽布中山服，衣袖上还沾着一些粉笔末子，像是一个中学里的数学老师"。这是符号学上叫作的"象似"的一种手段，根据我们上面引述的丰塔尼耶的论述，"像似"就是一种半-象征系统。在《狼》这篇叙事中，通过建立象似，我们看到了故事作者对于生活的观察与价值判断。首先，在这几个分句中，一连出现了三处与"白色"有关的情况："一个白脸的中年男子""洗得发了白的蓝色咔叽布中山装""一些粉笔末子"(一般也是白色的)。白色，在汉语文化中有表现"文弱"的意义效果，例如"白面书生"的称谓；至于衣服，在严重褪色之后也就接近被扔掉了；"咔叽布中山服"给人以改革开放前一般干部和知识分子装束的形象，是正派与保守的标志，距离今天也相去远矣；数学是科学中最为抽象、最为严谨的学科，中学老师该算得上以"桥头"为商业活动网点的一个不大的人类生活区域中最高的知识分子，而"中年的"定语更给人以"成熟"的认可。概括来说，这一象似给人以行为拘谨、敬业勤奋的可敬形象和遇事无以应对的可怜作态，而具有这种形象和作态的人自然是可信的和容易获得同情的。于是，狼获得了照相馆营业员的同情，从而增加了狼一侧的"助手"数量，推动了叙述的发展，最终导致"肥猪"的主人失去了他拼力保护的肥猪。

4 结语

巴黎符号学派的叙述符号学的核心概念是“陈述活动”，其最适合的分析对象是作为叙事的文学作品（小说、散文类）。自从引入“半－象征编码”概念之后，造型艺术和诗歌，以及各种文化现象也进入了叙述符号学的研究与分析之中。需要着重一提的是，“半－象征”或“半－象征系统”指的是一种符号学关系，而非一种符号类别，不能因为其中有“象征”一词而将两者混淆起来。“象征”这一术语在“非语言学”和“非叙述符号学”的使用中，常常是根据“一种类比的对应性来代替其他事物”或是“以出现来代替不出现”（格雷马斯 & 库尔泰斯，2021：336）。如各种国旗、国徽、代表字母等，它们都是符号，但在叙述符号学中却不再受到关注，原因是符号被认为是已经存在的事实，在陈述活动过程中并不占据重要位置。

上述分析例证，让我们看到了“半－象征系统”的构成原理和其被广泛应用的情况。如果还需要对于半－象征系统概念和其操作方法做一下概括的话，那就是：半－象征系统是在能指与所指因不具“相符性”而出现的符号学关系，其超音段表现和其形象性的超常价值取向是判断和分析半－象征系统的主要依据。我们可以说，半－象征理论和实践丰富与完善了叙述符号学的研究领域，成了不仅可以分析叙事作品而且也可以分析造型话语和诗歌话语的有效操作工具，也从而使叙述符号学发展成为“普通符号学”具备了补加的可能性。

参考文献

[1] Fontanille, J. *Sémiotique du discours* [M]. Limoges: PULIM, 1999, 2003, 2016.

[2] Greimas, A. J. & Courtés J. *Sémiotique. dictionnaire raisonné de la théorie du langage II* [M]. Paris: Hachette, 1986.

[3] Hénault, A. (sous dir.) *Le sens, le sensible, le réel* [M]. Paris: Sorbonne Université Presses, 2019.

[4] [法] 安娜·埃诺. 符号学问题 [M]. 怀宇，译. 北京：中国人民大学出版社，2019.

[5] [法] 格雷马斯，库尔泰斯. 符号学：言语活动理论的系统思考词典 [M]. 怀宇，译. 天津：百花文艺出版社，2021.

[6] [法] 雅克·丰塔尼耶. 身体与意义 [M]. 怀宇，译. 天津：南开大学出版社，2021.

[7] 张智庭. 莫言闪小说《狼》的符号学解读 [J]. 文艺研究，2015，8.

On the semi-symbolic system

Zhang Zhiting
(Nankai University, Tianjin Foreign Studies University)

Abstract: In the study of modern French semiotics, compared to the early semiology, which studied signs and their systems, the "narrative semiotics" founded by A. J. Greimas (1917—1992), or the semiotics of the Paris School of Semiotics, is undoubtedly mainstream today. It even replaced the name "structural semiotics" and became the collective term for French semiotics. In narrative semiotics, compared to the more important concepts that people introduce, such as the "actantial model", "narrative program", "semiotic square" and "modal theory" that belong to the "enunciation", what we are introducing and discussing today is a concept that belongs to the "semi-symbolic system". However, this "small-scale" semiotic relationship ultimately serves the overall "enunciation" and has an impact on it.

Keywords: semi-symbolic system; narrative semiotics; signifier; signified; conformance

作者简介

张智庭，笔名怀宇，南开大学外国语学院法语教授，天津外国语大学语言符号传播应用研究中心专职研究员。主要研究方向：符号学研究和翻译。

基于翻译符号学的中国当代小说多模态译介模式初探

潘琳琳

摘　要：本文分析了中国当代小说译介研究的现状,针对现有研究的失衡，以翻译符号学为视角，尝试从宏观与微观两个层面勾画出当代小说的多模态译介模式，从而构建该领域的研究体系。

关键词：翻译符号学　中国当代小说　多模态译介模式

1 引言

随着数字化信息时代传播媒介的多元化以及符号生存的复合化趋势，传统的纸质文本正逐渐向由多种符号系统组成的超文本拓展，在文本形态、文本模式和文本主体等方面都发生了较大的变化，涌现了表演文学、数字文学等新文学样态。一个文本因此很难是单一符号的，文本中多种符号系统的共存和协同就变得必不可少，而在此过程中无论是语言符号之间、语言与非语言符号之间，抑或非语言符号之间互动所产生的意义，都需要被合理地阐释。翻译的对象也不仅局限于传统的文字文本，图片、绘画、影像、戏剧等多模态文本也成为翻译的对象。这样一来，传统的语际翻译基于单一纸质文本的细读、阐释与分析之局限性日益凸显，多模态翻译理论研究与时俱进的现实迫切性也逐步突出。

“在符号表意过程中，媒介不是中立的，媒介不是符号过程的传送环节，而是直接影响符号文本的意义解读。符号表意要达到效果，应当与适当的媒介结合。”（赵毅衡，2016：123）在媒介转向的时代语境下，除了单一模态的语际翻译，中国当代小说的对外传播还应在一个宏观的多模态叙事体系下，有意识地将语际翻译与语内翻译、符际翻译相结合，形成一个文、图、声、像相互交织的互文空间。

翻译符号学将符号学原理应用于翻译过程的解读与翻译现象的系统化分析，可运用恰当的学科方法论研究不同的符号世界，尤其关注符号的物质性、符号主体的感官性（视觉、听觉、嗅觉、触觉等），以及多媒介符号的整合性在文本意义生成中发挥的重要作用。我们将翻译符号学的理论与方法引入中国当代小说多模态译介的实践研究之中，并非为文学译介研究下一个固定的结论，而是希望在“万花筒式”的大理论背景下视之为一种认识论，从而能够聚焦翻译的多重维度，通过“跨模态建构”充分参与到当代小说译介过程中文学意义的生成与建构。这无疑会有助于传统文学译介理论和实践走向更为多维的空间，同时也为重审翻译与媒介的关系提供新见。

本文从翻译符号学角度出发，以广义翻译范畴的当代小说多模态文本为研究对象，探讨创建多译域相融、文字符号与艺术行为共生的当代小说多模态译介的整体模式，以促进中华文化在海外的传播，从而提升文化传播的时效和功效。

2 何谓多模态

探讨中国当代小说的多模态译介模式，首先应厘定“多模态”的概念与内涵。从社会符号学出发，“模态”可以被定义为“在社会文化中形成的创造意义的符号资源”（Kress, 2010：79），即传递信息的不同方式或渠道，如音、光、声、影等，语言只是其中一种形式。

从认知文体学出发，“模态”又可以被定义为“能够使用具体的感官过程来解释的符号系统”（Forceville, 2009：22）。在这一视阈下，“模态”的具体所指就包括视觉模态、听觉模态、触觉模态和味觉模态等各感官模态。

概括而言，模态这一概念有两个基本特征：一是注重符号本身的物质性，“模态是指由社会所塑造、由文化所赋予且能够产生意义的一切符号资源。图像、书写、设计、音乐、姿势、演讲、动态影像、音带、3D 物（3D objects）等，都是在表征和传播领域中经常出现的模态示例”（Kress, 2010：79）。二是强调符号使用者的感觉与体验，“模态本质上是一种感知过程，包括视、听、嗅、味、触等感官经验，不同模态在感知活动中往往相互作用”（Forceville, 2009：22—23）。

有关多模态的定义可谓纷繁芜杂、层出不穷。随着时代的发展与历史语境的变迁，多模态的定义也加入了不同的学科视角。如多模态是“来自不同符号系统的意义的结合”（Kress & van Leeuwen, 1996：183）；多模态是“在设计一个符号产品或事件时使用的多个符号模态”（Kress & van Leeuwen, 2001：20）；“本质上，多模态指在具体语境中一种以上的模态并存的现象，这些模态包括书面语言、口头语言、形象等”（Gibbons, 2012：8）。

虽然学界对多模态这一概念的理解至今尚未统一，我们仍然可以这样归纳：交际活动中如果只有一个感官参与意义的互动与协作就是单模态，一般有两个或两个以上感官参与互动的就称为多模态。

关于多模态大致有三层基本含义：

一是不同模态的物质性。物质性是符号意义生成中必不可少的原料，文字、言语、音像、手势、眼神等不同的物质材料皆具有不同的意义潜势，它们经由不同模式的符指过程（semiosis）形成不同的符号模态。

二是不同模态的感官性。符号主体的感知过程或身体感觉都会参与到符号化过程中，从而表现为视觉模态、听觉模态、味觉模态、触觉模态、嗅觉模态等不同的感觉模态。

三是不同模态的整合性。所有模态在交际语境中互动产生意义，“在多模态交际中，模态既各自独立发挥作用，也共同发挥作用，即模态本身产生意义，同时通过彼此的互动和交接产生意义”（Chuang，2006：373）。

多模态视野旨在强调：第一，“所有传播活动都是多模态的，即使写下来的语言文字也同样如此”（Kress，2010：82）；第二，语言的运用通常与其他多种符号相互关联；第三，“各种符号是一个联合与整体，而非单一模态的孤立运作”（Alison，2012：421）。所有模态都是通过对社会符号过程做出反应而构建、创造和转变，它们不是静止的，而是流动的（Chuang，2006：374）。因此，模态是一个动态变化的系统，新模态可能随时产生，旧模态也会在交际中发生质的变化，甚至消亡。

3 翻译符号学研究图谱

符号学与翻译学的交叉带来了符号学一个重要发展方向的诞生——翻译符号学。本文所理解的翻译符号学是以皮尔斯的符号学三元观及其研究方法论为依据，专门探讨翻译发生过程中的符码转换现象及其相关问题的符号学的分支学科。对于符号学与翻译研究的联姻问题，国外学者有过诸多探讨。Jacobson（1959）第一次将符号学引进翻译学，将翻译分为语内、语际和符际翻译三类。国外学者开始从不同的研究路径入手，探讨符号学与翻译联姻的可能性和合理性，将翻译符号学视为一种活动或行为，一门新的学科或者一种方法。Toury（1980）使用 semiotics of translation 这一术语指称作为一种符号活动的翻译。1986 年他为《符号学百科辞典》撰写 translation 词条，将翻译的符号学方法定义为一种跨越系统边界的行为或过程。1990 年 Dinda L. Gorlée 在意大利安达卢西亚符号学会国际研讨会上提交论文《翻译即叛逆：论翻译符号学》，提出“翻译符号学”这一术语。《翻译研究百科全书》第一版（1998）和第二版（2009）分别收录了 semiotic approaches 和 semiotics 词条，都将 semiotics of translation 或 translation semiotics 作为一种研究翻译的理论方法。

这一领域的代表学者主要有 Dinda L. Gorlée、Peeter Torop 及 Douglas Robinson 等。Gorlée（1994，2004，2015）以符号本质与转换规律为切入点对翻译问题展开了系列讨论。Torop（1994，2000，2008）界定翻译符号学的研究对象与研究范围，将翻译符号学归类为文化符号学的分支学科。Robinson（1995，2016）认为符号翻译是一种集体式的情感—意动—认知或本能—经验—习惯的指号过程，集体的规范操控着译者思维中的解释项，使之规范化，理想化。

国外学界对于符号学与翻译学结合研究富有成效，对推动符号学与翻译融合研究的学科化进程起到了重要作用，但大部分分析由于方法论的制约，缺乏系统化、学科化、逻辑化的理论观照，符号学视角的翻译研究尚未形成体系。正因意识到这一点，在中国符号学与翻译学联姻 30 余年的历史积淀基础上，2015 年国内学者开始从理论层面探讨将翻译符号学作为一门独立学科的定义与性质、概念与指称等。王铭玉（2015）从一门独立学科的角度界定了翻译符号学，并指出构建翻译符号学的核心思想，认为翻译符号学是以符号学基本原理为依据，以符号学方法论为指导，专门探讨翻译发生过程中的符码转换现象及其相关问题的符号学的分支学科。2016 年《解放军外国语学院学报》独辟翻译符号学专栏，五篇论文（王铭玉，2016；贾洪伟，2016；佟颖，2016；吕红周、单红，2016；潘琳琳，2016）选取不同的切入点，围绕翻译符号学的学科建制展开深入的讨论。其中王铭玉（2016）开创性地从符号过程、符号行为、符号关系、符号层级、符号间性、符号功能、符号守恒七个层面，探讨翻译符号学的学科内涵，展望翻译符号学的发展前景。

此后，学界从翻译符号学的文本阐释模式、翻译符号学思想批判分析等方面深化翻译符号学的理论维度，翻译符号学作为跨学科性质的符号学分支学科的探讨已初具规模。可以说国内学界已找到翻译符号学的学科落脚点，并致力于将其建立独立的学科体系。但这一学科仍处于初创阶段，学界对翻译符号学的探讨主要从宏观上探讨其学科归属、理论内涵等方面，缺乏论及跨媒介符号间性转换的中观与微观研究。

翻译符号学认为翻译活动是在汇聚多种模态的文本网络中进行符号转换的互文性活动。在符号、社会、文化、作者、译者、读者等相互建构和折射的场域内，无论是原文本还是目的文本都不是封闭性、自足性的结构，而是一种开放性的存在。这对于我们补充中国当代小说译介研究的不足是否有一定的启示呢？

4 中国当代小说译介模式研究概况

2012 年莫言小说外译的成功引发了学界关于中国当代小说译介模式的讨论，话题主要围绕语际翻译层面，集中在：中国当代小说在英语世界译介的整体趋势（胡安江，2018 等）、译介主体（冯全功，2017 等）、译介内容（张南峰，2015 等）、译介途径（王颖冲、王克非，2014 等）、译介受众（周晓梅，2018 等）及译介效果（谢天振，2014 等）等。

符际翻译层面的研究相对较少，主要以普通符号学或社会符号学理论为依托，探讨小说文本与其他艺术形式之间符际翻译的模式，但研究以个案研究为主（王晨爽、文军，2016 等）。部分学者（鲍晓英，2015 等）指出构建当代小说译介模式不能忽视符际翻译的作用。2016 年罗选民提出大翻译概念，认为通过翻译可呈现文化传播的三种符号形式：声音、形象与文字。2019 年他在《大翻译与文化记忆：国家形象的建构与传播》一文中指出文学译介应从文本和文化传播的有效性出发，注重各类翻译之间的互动性和建构性。

从整体而言，中国当代小说译介模式在研究对象上，以翻译产品研究为主，且集中于语际翻译的探讨，研究对象之间缺乏系统性整合。在研究视角上，主要集中于语言学与文学领域，中国文学走出去研究的跨学科视角已经形成，但就所涉学科的知识容量而言，大多还停留在对跨学科理论观点的简单借用上，而不是从该学科整体知识框架体系入手进行分析。

因此，中国当代小说译介模式研究有待深入与拓展：首先，应强化系统科学观在中国当代小说译介研究中的指导作用。小说的对外传播是一个复杂的多元系统工程，要以系统思维整合各研究对象之间的关系。其次，由于不同传播媒介存在各自的优势与不足，中国当代小说通过多媒介全方位、立体式的译介，才能有效地推动其传播。译介内容与形式应从单纯的语际翻译转向融合语内翻译、语际翻译和符际翻译的多模态互补模式。

翻译符号学以符指无限延展、阐释不断进行为出发点。相对于一般翻译研究而言，在翻译类型层面与术语指称范围都做出了延伸与拓展，探讨的是“大翻译”视野下广义符号之间的转换。换言之，翻译符号学将符号学原理应用于翻译过程的解读与翻译现象的系统化分析，可运用合适的学科方法论研究不同类别的符号世界。这意味着翻译符号学探索的是非言语信息如何与言语信息一起构筑符际互文网络，从不同的维度出发实现异质符号意义在不同文化、不同媒介中的转换、阐释与重构。可为中国当代小说跨符码、跨媒介的译介提供理论支撑与整体框架，在学理层面具有理论体系的普适性，在应用层面具备文本分析的可操作性。

5 基于翻译符号学的中国当代小说多模态译介模式

基于翻译符号学的中国当代小说多模态译介模式强调翻译过程中文本不同模态的联合与互动，包括文学文本物质材料呈现出的多样性，各感官体验的交织状态和多介质符号在符指过程中的整合性。这样，对于符号文本的翻译不是追求一个恒久不变的意义核心，而是关注小说译介中符号意义的转换、扩散、增殖与消减的动态过程。中国当代小说多模态译介作为一个辩证统一的整体，其中每一个多模态符号都因相互之间特定的联系而衍生各自的符号意义，每个符号意义都超出了文本本身的能指意义，从而形成了构造文本阐释的网络结构，成为生发、阐释和传播符号意义的符号场域。

从这种对当代小说的多模态认知出发，我们的研究范式便从封闭走向开放，文本意义从规定走向描述，文本内容从作品走向跨模态的互文。中国当代小说多模态译介模式应该基于对有代表性的当代作家、作品做多媒态译介的案例分析，总结规律，探其原理。再以翻译符号学为据，提炼小说语内、语际、符际翻译互补共生的多模态译介模式。

5.1 中国当代小说多模态译介的典型案例

中国当代小说在英语世界的整体影响力处于相对边缘的地位，但仍有如莫言、苏童、余华、刘震云、毕飞宇等作家的小说作品在英语世界的译介获得了成功，构成了英语社会解读及接受中国当代小说的重要参照。这些作品在不同历史时期被改编为电影、电视剧等，多样化的翻译形态扩大了原著在海外的知名度与影响力，推动了英译本的出版。我们以莫言《红高粱》、苏童《妻妾成群》、余华《活着》、刘震云《温故一九四二》以及毕飞宇《青衣》五部小说的语内、语际与符际翻译为个案研究，通过文本细读与叙事对比考察不同翻译形态之间的多模态互文重构。

一方面，描述代表作家作品多模态融合的翻译叙事。描述五部作品在小说、电影、戏剧等不同媒介下多模态符号系统的复制、变异与改写，具体包括译文的模态符号如何再现原文；不同模态在翻译中如何转码；不同模态资源在多种语篇形态中如何相互作用；因翻译活动穿行的介质不同而产生的模态编码系统如何创造跨符际的互文符号网络等。

另一方面，解释代表作家作品多模态译介的共性特征。五部作品的多模态译介均发挥了电影、电视、文学等多种艺术的综合效应，形成多种艺术形式海外传播互相促进的良性循环：语内翻译均对原文本语言符号展开了影视表演性改写，编剧作为译者将视觉、听觉和语言能指有效融入翻译；语际翻译为西方汉学家独译或西方汉学家与中国译者的合译（《红高粱》译者葛浩文，《妻妾成群》译者杜迈克，《活着》译者白睿文，《温故一九四二》《青衣》译者均为葛浩文、林丽君），汉学家熟稔西方出版界、主流媒体及其文学传播机制，利于中国文学的海外推介。译者的翻译策略归异平衡，增减有据，符号信息总量在语言、文学、文化上达到守恒，翻译过程中作为符号主体的译者与作者均有良性互动（如书信往来、电话交流等），对于译文的生成起到重要作用；符际翻译中导演作为译者将剧本的文字符号转变为表演性语篇之后，发挥了文本中多模态元素的能动作用，改变了原文本文字符号的叙事方式和叙事层次，以多种符号体系的综合叙事实现译者对原文本的阐释。

5.2 基于翻译符号学的中国当代小说多模态译介模式构建

翻译符号学的启示无疑为中国当代小说的译介研究扩大了研究视野、增加了新的研究内容并引介了新的研究方法。基于这一理论视角，我们根据个案研究分析出的多模态译介特点，从宏观和微观两个层面尝试构建中国当代小说多模态译介的整体模式，以阐释不同符号体系翻译转换的表现形态、运作规则和内涵机理，推动中国当代小说改变文字讲述的单一模式，以多模态译介拓宽表达范式与疆域。

从宏观层面，以翻译符号学的符号系统观为视角，从整体认识中国当代小说译介，考察其与社会系统（政治、经济与文化）的关系。译者通过自己的思维世界（本能、经验、习惯）与涉及翻译的诸多环境因素（政治、经济、文化因素等）进行互动与对话。符号阐释行为因此具有了特定的历史属性与文化属性，符号文本的意义既有纵向上的历史积淀，又有横向上不同社会因素的相互渗透。译者思维中的解释项需要对原文本符号所蕴含的文化价值观、历史观、世界观和意识形态等做出理解与诠释，映射翻译过程中符号文本与社会系统中特定社群的审美状态、价值取向、文化形态等因素的互动与关联。

我们在探讨中国当代小说的多模态译介时，应将符号阐释的外部环境纳入研究框架中，关注群体互动、社会互动等二级范畴符号对于符号阐释的影响，且充分考虑到社会与文化语境下二级范畴符号的复杂性。译者的符号阐释活动在源语及目的语文化所处的交际语境中针对异质的文化，面向不同语言的读者，对于不同意识形态进行跨媒介、跨符域传播。这些外部因素构成复杂的译介场域，影响译者做出并不断修正翻译的决策，进而促成了目的文本读者的感知、理解和诠释。符号阐释过程中符号系统的复制、变异与改写以及受外部环境深层结构影响的符号在阐释中的意义流变与形式变异成为翻译符号学的基本构成，也进而形成翻译符号学研究的一大维度。

因此，中国当代小说多模态译介的宏观研究应能从整体上考察译介与社会各因素的互动关系，将译介活动放到特定社会历史的大背景中去考察（如《红高粱》小说的创作恰逢抗日战争爆发50周年前夕，也契合了这段社会时期对历史思维的反思）。要能够以发展的眼光认识译介实践的动态规律，描述同一小说不同形态、不同种类的译本（如语内翻译范畴的剧本、台本；语际翻译范畴的英译本、电影的字幕翻译；符际翻译范畴的电影、电视剧、舞剧、绘画普及本等）与社会系统望文生义的过程与结果。

从微观层面，探究各种媒介之间复杂信息交叠、融合之后的内在关联与显著特征，从而能从多视角、多方位、多层次对数字媒介语境中文学文本的意义做出更为系统的阐释。为此，中国当代小说译介模式应考察一下几个方面。

1）符号形态

中国当代小说从语内、语际再到符际翻译，几种翻译通过不同媒介融合在一起，形成了小说多模态的互文叙事空间。各个模态都有各自的形态、功能与认知原则，通过不同的方式与路径来建构意义。这些立体的、变通的多样化译本符号形态，增加了小说的符号生命力，利于多种传播渠道全方位塑造中国形象。

2）符号过程

描述并解释译介过程中原文本与其多模态译本之间的翻译符指过程，论述翻译过程中符号意义的增减，符号层级的转换，以及符号文化信息的守恒与失恒，使得译介实现文字、文学与文化的统一，实现翻译的增减有据、归异同体。

3）符号主体

既关注创作主体、翻译主体、接受主体在译介中的角色与互动，又关注其他译介参与者（个人或群体，民间力量与官方力量）的作用，如赞助人，文学代理人，中国文学的输出组织、政府，中国文学的输入组织、政府等。成功的译介有赖于符号主体与其他参与者共同生发符号，阐释符号与传播符号，并最终实现视域融合。

4）符号间性

论述影响译本形态与质量的多种符号文本的间性特征、符码转换的规律与意义再生的情况，对多模态文本的互文性景观做历时与共时的描述性研究，阐释跨媒介、跨体裁文本之间符号意义的相互指涉与否定性生成，挖掘造成各符号文本共性与差异的主客观因素。

6 结论

中国当代小说的多模态译介作为翻译学研究的一个新的热点问题，已经引起国内外学者的广泛重视，相关研究成果也已日渐丰富。不过鉴于目前的译介研究尚不完善，存在语内、语际、符际翻译的失衡现象。我们尝试从翻译符号学研究视角建构中国当代小说多模态译介的基本模式，扩展现有研究内容，厘清研究层次，旨在抛砖引玉，梳理已有的研究成果并引发进一步的有价值的研究。

我们将翻译符号学引入小说多模态译介领域，为革新传统的翻译研究方法和研究范式提供了新视角。翻译符号学视角下的多模态译介研究涉及的是对文学文本本体的重新认知、文学文本介质载体的转型及跨媒介建构，从而导致译介研究方法与意义的变迁。因此，翻译符号学研究视角的引入对于今日的文学译介而言，不仅是借助新语境、新媒介、新介质展开的一场大胆革新，而且是对文学译介本质的一次深入探索。

参考文献

[1] Alison, G. Multimodal Literature and Experimentation [A]. In Joe Bray et al (eds). *The Routledge Companion to Experimental Literature* [C]. London & New York: Routledge, 2012.

[2] Chuang Ying-Ting. Studying Subtitle Translation from a Multimodal Approach [J]. *Babel*, 2006, 52 (4): 372 – 383.

[3] Eco, U. & S. Nergaard. Semiotic Approaches [G] //Mona Baker. *Routledge Encyclopedia of Translation Studies*. London: Routledge, 1998: 218 – 222.

[4] Forceville, C. Non-Verbal and Multimodal Metaphor in a Cognitivist Framework: Agendas for Research [A]. In Forceville C. & Urios-Aparisi E. (eds.) *Multimodal Metaphor* [C]. Berlin: de Gruyter, 2009.

[5] Gibbons A. *Multimodality, Cognition, and Experimental Literature* [M]. New York: Routledge, 2012.

[6] Gorlée, D. L. *Semiotics and the Problem of Translation: With Special Reference to the Semiotics of Charles S. Peirce* [M]. Amsterdam-Atlanta: GA, 1994.

[7] Gorlée, D. L. *On Translating Signs: Exploring Text and Semio-Translation* [M]. Amsterdam-New York: Rodopi B. V., 2004.

[8] Gorlée, D. L. *From Translation to Transduction: The Glassy Essence of Intersemiosis* [M]. Tartu: University of Tartu Press, 2015.

[9] Jakobson, R. On Linguistic Aspects of Translation [A]. In Achilles Fang *et al.* ed. *On Translation* [C]. Cambridge. Mass: Harvard University Press, 1959.

[10] Kress, G. *Multimodality: A Social Semiotic Approach to Contemporary Communication* [M]. New York: Routledge, 2010.

[11] Kress, G. & van Leeuwen, T. *Reading Images: The Grammar of Visual Design* [M]. London & New York: Routledge, 1996.

[12] Kress, G. & van Leeuwen, T. *Multimodal Discourse* [M]. London: Edward Arnold, 2001.

[13] Robinson, D. Untitled Review of Dinda L. Gorlée. Semiotics and the Problem of Translation: With Special Reference to the Semiotics of Charles S. Peirce [J]. *Studies in the Humanities*, 1995, 22 (1/2): 144 – 50.

[14] Robinson, D. *Semiotranslating Peirce* [M]. Tartu: Tartu Semiotics Library, 2016.

[15] Stecconi, U. Semiotics [G] //Mona Baker & Gabriela Saldanha. *Routledge Encyclopedia of Translation Studies*. London: Routledge, 2009: 260 – 263.

[16] Toury, G. *In Search of a Theory of Translation* [M]. Tel Aviv: Tel Aviv University, 1980.

[17] Toury, G. *Translation: A Cultural-Semiotic Perspective* [M]. Thomas A. Sebeok (ed.) *Encyclopedic Dictionary of Semiotics*, vol. 2. Berlin: Mouton de Gruyter, 1986: 1111 – 1124.

[18] Torop, P. Semiotics of Translation, Translation of Semiotics [J]. *Russian Literature*, 1994, (4): 427 – 434.

[19] Torop, P. Towards the Semiotics of Translation [J]. *Semiotica*, 2000, 128 (3/4): 597 – 609.

[20] Torop, P. Translation and Semiotics [J]. *Sign System Studies*, 2008, 36 (2): 253 – 257.

[21] 鲍晓英．中国文学“走出去”译介模式研究——以莫言英译作品译介为例 [M]. 北京：中国海洋大学出版社，2015.

[22] 冯全功．葛浩文翻译策略的历时演变研究 [J]. 外国语，2017，6.

[23] 高方，许钧．现状、问题与建议：关于中国文学走出去的思考 [J]. 中国翻译，2010，6.

[24] 胡安江．改革开放四十年中国文学走出去的成就与反思［J］．中国翻译，2018，6.
[25] 贾洪伟．雅各布森三类译域之翻译符号学剖析［J］．解放军外国语学院学报，2016，5.
[26] 罗选民．大翻译与文化记忆：国家形象的建构与传播［J］．中国外语，2019，5.
[27] 吕红周，单红．彼得·特洛普的翻译符号学观［J］．解放军外国语学院学报，2016，5.
[28] 潘琳琳．翻译符号学视阈下的文本再生——以《红高粱》小说、电影剧本、电影台本为例［J］．解放军外国语学院学报，2016，5.
[29] 佟颖．翻译动机的社会符号学诠释［J］．解放军外国语学院学报，2016，5.
[30] 王晨爽，文军．电影改编的符际翻译研究——以《喜福会》的心理描写为例，中国外语，2016，2.
[31] 王铭玉．翻译符号学刍议［J］．中国外语，2015，3.
[32] 王颖冲，王克非．现当代中文小说译入、译出的考察与比较［J］．中国翻译，2014，2.
[33] 谢天振．中国文学走出去：问题与实质［J］．中国比较文学，2014，1.
[34] 赵毅衡．符号学原理与推演［M］．南京：南京大学出版社，2016.
[35] 张南峰．文化输出与文化自省——从中国文学外推工作说起［J］．中国翻译，2015，5.
[36] 周晓梅．中国文学外译中的读者意识问题［J］．小说译介与传播研究，2018，3.

A Preliminary Exploration of the Multimodal Translation Mode of Chinese Contemporary Novels based on Translation Semiotics

Pan Linlin
(Capital Normal University)

Abstract: This paper analyzes the status quo of the translation practices of Chinese contemporary novels, and points out the imbalance of existing research. Based on the perspective of Translation Semiotics, this paper attempts to sketch out the multimodal translation mode of contemporary novels from both macro and micro levels, so as to construct a research system in this field.

Keywords: Translation Semiotics; Chinese contemporary novels; Multimodal Translation Mode

作者简介

潘琳琳，女，首都师范大学外国语学院副教授。主要研究方向：翻译符号学、翻译理论与实践。

符号学与多模态翻译：绘本翻译之符号守恒

齐若楠

摘　要： 作为儿童文学的重要组成部分，绘本是儿童成长时期语言、概念和意象的主要源泉。传统绘本翻译研究侧重于从目的论、译者主体性及审美再现等角度研究文学翻译。绘本是一种包含文字、图像和声音符号的文学形式，并且强调语音朗读效果。近年来多模态翻译发展迅速，本文以符号学与多模态翻译为研究视角，分析绘本翻译中文字、图画及声音间的符际转换，旨在探究绘本翻译如何实现从质感层守恒到现实层守恒再到思维层守恒。

关键词： 翻译符号学　符号守恒　绘本翻译　多模态翻译

1 引言

儿童时期是人类认识世界、理解符号意义、构建认知体系的关键时期。视觉和听觉是儿童捕捉外界信息、锻炼思维发展的重要渠道。作为一种多模态文体，绘本包括文本、图画等多种符号，各种符号之间相互作用，使之成为备受儿童喜爱的阅读体裁。随着外国绘本译介增加，儿童文学翻译研究在近十年逐渐受到学者关注。徐德荣从儿童本位的角度研究儿童文学的语体特征、童趣及跨文化交际，认为译者需要把握绘本中的语言特征和图文关系，通过语言手段再造原文的风格特质（徐德荣，2020）。曹明伦认为译者在翻译儿童文学作品时应当关注作者的语言特色和作品的语域特征，根据语域特征代入相应的社会角色（曹明伦，2016：113）。王洪林从符号学和多模态视角探讨《绘本翻译》一书取得的新进展和对绘本翻译研究的启示（王洪林，2019）。通过对目前关于儿童文学出版和传播的相关研究发现，中国当代儿童文学译作选材倾向于名篇、获奖作品及知名作家的著作，主题凸显儿童成长、童真以及人性的真善美（修文乔，2020）。我国儿童文学绘本目前以引进国外绘本为主，几乎所有教师会在读书活动中安排儿童接触绘本，且使用的多是国外绘本的译作（袁宏、王海鹏，2018：59）。相比之下国内绘本原创力不足，在题材内容、表现形式和国外绘本相比具有较大差距。本文从符号学和多模态翻译的理论成果出发，以绘本翻译过程中的符号转换为研究对象，从符号学的角度分析儿童绘本翻译在不同层面的符号转换和守恒，有助于儿童文学翻译研究的发展和跨文化传播。

2 翻译符号学

符号学是一门研究符号的学科。古希腊早期符号学家主要从自然的角度定义符号、认识符号。现代符号学思想起源于语言学家索绪尔（Saussure）和皮尔斯（Peirce）。在《普通语言学教程》一书中，索绪尔认为语言是一种表达观念的符号系统，“如果想要了解语言的真正属性，我们必须了解语言与其他符号系统有什么相同点”（索绪尔，2011：26）。他认为语言价值的概念，完全由其与语言中其他符号的关系和差异来体现，一个符号与其他符号相区别的一切就构成了该符号（2011：163）。符号本身并没有意义，而符号所指称的对象与符号相结合就有了指称意义。索绪尔将表示具体事物或抽象概念的语言符号定义为能指，将语言符号所表示的具体事物或抽象概念定义为所指。当前多数翻译研究停留于语言符号之间语内和语际的翻译问题，较少从符号学出发研究各种符号在不同层面的相互转换和互动。翻译不仅是一种语言转换行为，还包含思维活动符号的转换。翻译符号学旨在以符号活动中的阐释和转换过程以及相关问题为对象，探讨“符号转换过程中侧重的交际和信息内容引发的符号文本关联和人类‘生活形式’中的话语实践、惯例、实践能力、意识形态、社会需求与功能、译者意图和目的、文本”（贾洪伟，2018：113）。贾洪伟阐述了雅各布森提出的语内翻译、语际翻译和符际翻译界限不清、层次错置等问题，提出“域内、域际和超域”翻译范畴，并以物质介质为参考点将符号分为“有形符号和无形符号”。有形符号包括语言符号、非语言符号；无形符号指“不依赖与外部物理介质而存在，反倒依存于人类大脑内的语言思维神经系统这一内部物理介质，仅存在于思维者的头脑之中”（贾洪伟，2020：100）。翻译是符号转换活动，包括有形符号和有形符号之间的转换，有形符号和无形符号之间的转换，无形符号和有形符号之间的转换。现实中的有形符号 1 作用于原作者，作者转化为自己头脑中的无形符号，而后输出有形符号 2。有形符号 2 作用于译者，译者头脑中进行阐释理解形成无形符号，而后产出有形符号 3。原作者和译者头脑中的无形符号不会完全相同。就异语翻译而言，有形符号 2 和有形符号 3 之间不仅跨越了时空和文化，也承载了作者和译者的头脑中的无形符号，应当根据符指过程发生一定的转换。从符号学角度探讨符号之间的转换，有助于分析“翻译等值”的理论基础、层级和实现方式。

3 多模态翻译与符号守恒

多模态在其最基本的意义上，是在特定文本中多个符号模态的共存；多模态可以指调动不同的符号资源，在一个特定的文本中共同构建意义的各种方式。（陈曦、潘韩婷、潘莉，2020：80）不论是哪种文本，在交际过程中总会出现文本、图像或是声音等有形符号，多种符号模态之间在表达自身意义的同时也互相结合，共同组成一个统一的符号集体，从而实现交际目的。因此，多模态话语交际也是符号间的互动与转换，翻译研究最重要的部分便是翻译过程中符号的转换和守恒。研究多模态翻译的重点是探究各个模态的意义和功能，以及各模态之间的相互作用。各模态之间的转换是要实现信息的传递，而跨文化、跨时空的转换会因为文化习俗、语言习惯、文学特性等受到不同程度的影响。人类认识世界的过程和所认知的世界中的概念存在共性，语言既是人类的交际工具，也是重要的思维工具。而思维必须借助于符号才能进行，符号也是思维的工具。思维具有共性，不同符号的所指也具有共性，这说明有形符号之间可以相互转换，即“符号共相”使得符号转换成为可能，但是“符号守恒只是相对的，并非数学意义上的‘恒等’”（佟颖、王铭玉，2018：103）。

随着科学技术的发展，绘本中的模态更加丰富多样，文本和图画一直是绘本中的主要模态。绘本中的符号主要是有形符号，包括语言符号和非语言符号。由于儿童认知水平尚处于发展阶段，译者需要根据文本概念、文体风格、文化和意识形态加上自己的理解来帮助目的语读者更好地理解原文本；同时译者也需要理解绘本中的语言符号、非语言符号、语言符号和非语言符号之间的关系，从而使转换后的符号相互协同，实现最佳守恒效果。

4 符号守恒之绘本翻译研究

绘本是帮助儿童认知世界、熟悉符号命名、了解符号使用法则的重要渠道之一。绘本也可以帮助儿童形象地了解这个丰富多彩的世界以及不同文化的特点符号。多年来，绘本在儿童文学中一直处于边缘位置，近些年学界才逐渐关注到绘本在儿童成长时期的作用。儿童文学翻译中的符号转换也是不同文化的相互转换，对于促进文化交流和传播具有十分重要的作用。不同模态或者系统的信息均可以转换到别的系统之中以实现信息交流传递。“符号共相为符号转换提供可能性，符号转换伴随着信息的传递与转化，‘转化’并不等同于‘守恒’，但二者密切相关。只有找到各符号系统相互转换中对应的当量关系，信息量守恒才能被确立。”（佟颖、王铭玉，2018：104）

4.1 绘本《咕噜牛》中的符号转换

绘本所包含的有形符号主要包括语言符号和非语言符号。本文中的语言符号指绘本用以表达思想情感的符号，包括绘本文本和朗诵绘本所发出的言语。非语言符号则是包括人类交际过程中的衣着、眼神、体势语、背景灯光、音响等外部配合意义传达的非言语符号（贾洪伟，2018：113）。本文中的非言语符号指绘本所包含的图画以及文字形态。绘本的翻译并不单纯是文本的转换，其中原语言符号系统与非语言符号系统的相互配合才是原绘本的本质。因此，翻译后绘本的语言符号系统也应当与非语言符号系统相互搭配，共同构成一个有意义的符号系统。

《咕噜牛》（*The Gruffalo*）讲述了一只小老鼠如何借助咕噜牛从一个个天敌手中逃脱，而当遇到真正可怕的咕噜牛，凭借智慧吓走咕噜牛的故事。该绘本用词巧妙，妙趣横生，押韵和谐，段落结构工整，适合小读者朗读记忆。该绘本中主要包含语言符号（书面文字）和非语言符号，其中也包括图画、图画中人物的手势、动作、场景等。我们将从质感层到现实层到思维层分析该绘本中的符号转换和守恒效果。

4.2 质感层守恒

质感层的符号与对象之间是基于相似性的一元关系，译者仅需要根据物理层面的相似性直接进行符号转换。这一层次的符号转换不以传递原文本的深层信息为目的，而是以象似性为基础，传递一种直观感受，实现符号转换过程中的“质感守恒”。（佟颖、王铭玉，2018：106）绘本的质感层主要关注文本和图画的布置排列、图画中的符号安排、文本符号的状态和音节数。

绘本《咕噜牛》中英文封面的书名字体大小不一。英文的“The”明显小于“Gruffalo”，这契合了读者在朗读题目时的视觉和语音感受，将视觉重点和重读置于“Gruffalo”之上。2005 年外语教学与研究出版社出版的译文绘本题目的字体与原文的字体相似，同时突出了“噜”字。读者在阅读时的语音倾向于同原文一样发生变化，此处的符号达到了质感层的守恒。然而我们发现同一译者所译的绘本，同一出版社在不同时期出版时的封面字体和此处的图像符号并不完全相同。其中有些绘本的题目并不强调突出，字体大小没有突出变化，而是中规中矩的“咕噜牛”，反倒是在质感上缺少了些许乐趣。

原文绘本和译文绘本中英文符号排列位置和方式并没有出入，但是原文绘本中除了小老鼠的话和旁白没有斜体，狐狸、猫头鹰、蛇和咕噜牛所说的话均以斜体显示，用以强调说明这些小动物的言外之意，即都想以邀请为借口吃掉小老鼠。译文文本中这些符号特点被隐去了，并没有以任何形式突出，我们认为译文在此处没有做到质感层的符号守恒，话语的言外之意在形式上并没有守恒。但是在小老鼠吹牛后真的遇到咕噜牛并将成为盘中餐之时，译文绘本增大了原绘本的文字大小，用以突出“咕噜牛”三个字，以显示咕噜牛的可怕和小老鼠的出乎意料。

4.3 现实层守恒

如果符号及其所指对象系基于动态或因果基础的二元关系，这一符号就是指示符或二级范畴符号。指示符号涉及一个图像符号在某个特定场合下的具体意义，与说话者、听话者、时间、空间等因素相关。（佟颖、王铭玉，2018：107）符号能指在语境、语用等条件的影响下，指向一定的所指，呈现特定的语义。在翻译过程中，译者根据原文本有形符号的能指，经过大脑思维的处理形成对应的无形符号，得知原文本的所指；再根据原文本的所指，经过思维过程形成译文文本的无形符号，而后将无形符号经过组织输出成为译文本的所指。文本符号是一个完整的、表达意义的符号集合体，是由符号在横向上依据组合关系和在纵向上依据聚合关系编织而成的信息网络。（佟颖、王铭玉，2018：107）

现实层面的符号表征应该注重语词、语义和语用三个层面。语词是表示事物的一些声音或者笔画，这些声音或者笔画在人的头脑中具有相对应的概念和意义，声音是语词的形式，意义是语词的内容。语词层面涉及语音、词汇、句法和篇章等符号关系的对等（王铭玉，2018：107）。语义指的是词的词汇意义，即符号所传达的信息。语义层面以语言的指称意义为基础，传递符号与动态对象的关系。语用层面从表征层、表达层、联想层、使动层和寒暄层等五方面对指称意义加确，使其完全符合文本的时间空间要求，准确体现说话者和听话者的身份、地位以及彼此间的关系（佟颖、王铭玉，2018：107）。语用层面的信息守恒依赖在语词层面和语义层面的信息守恒，三者相互融合。

封面咕噜牛所依靠的树干上有一块金属制圆牌，原绘本上是标注此绘本的所获荣誉，内圈是对角线斜着排列的“1999 SMARTIES BOOK PRIZE GOLD AWARD”，外圈是四个“WINNER”（Donaldson，2016）。译文绘本（2005）翻译过来以后封面上也有一块这样的金牌，金牌里没有文字，而是咕噜牛的头像，下面是五颗小星星。外圈上方是“斯马尔蒂斯儿童读物金奖”，下方的小字是“聪明豆绘本系列”。出版社在此处保留了该绘本所获的奖项，同时将金牌里的内容转换为咕噜牛的头像，在符合儿童阅读需求的同时，完整地传达了原封面的符号元素，不仅在语义上传真，而且在语用方面更胜一筹，激发了儿童的联想。其他版本的绘本封面上删除了此金属圆牌，替换为一棵大树，在语义传达方面没有体现符号守恒。但是我们认为该处封面的设计不仅取决于译者，更多取决于出版商的抉择；同时此处的语义表达的是该绘本的荣誉，与绘本内容并没有太大关联。这说明，符号在转换过程中也会受到出版商、目的语文化和语义相关度的影响。

儿童绘本不仅仅是书面的文字，也是口头生动的语言，其特点之一便是韵律美。*The Gruffalo* 前半部分文本故事情节相似，后半部分文本故事情节相似且每段文字都押韵。

原文：A mouse took a stroll through the deep dark wood.
A fox saw the mouse and the mouse looked good.
“*Where are you going to, little brown mouse?*
Come and have lunch in my underground house.”
“It's terribly kind of you, Fox, but no —
I'm going to have lunch with a gruffalo.”
“*A gruffalo? What's a gruffalo?*”
“A gruffalo! Why, didn't you know?”（Donaldson, 2016）
译文：一只小老鼠，叽布叽布，在密林深处溜达。
一只狐狸看到他，馋得口水直滴答。
“亲爱的小老鼠，你要上哪儿啊？
进来吃顿饭吧，树底下就是我的家。”

“哦，狐狸，你太客气啦！可是很抱歉——

咕噜牛约我来吃饭，一会就见面。”

“咕噜牛？咕噜牛是谁啊？”狐狸问道。

“咕噜牛就是咕噜牛！怎么，你连这也不知道？”（任溶溶，2005）

原文本整段音律和谐，读起来朗朗上口。第一句内“deep dark wood”压头韵/d/，同时又和“wood”的尾音押韵。整体文本押尾韵 aabbcccc，译文整体押韵是 aaaabbad。译文并没有类似“deep dark wood”的押韵格式，但是在“一只小老鼠，叽布叽布，在密林深处溜达。一只狐狸看到他，馋得口水直滴答”，这句话中“达”“他”“答”押/a/韵，朗读节奏感强。在词汇层面，原文前两句是两个完整的句子，译文将其拆分为小短句，同时在第一句增加了拟声词“叽布叽布”来形容小老鼠的声音。在表达层和联想层提升了儿童读者的阅读感受，使其看到图片中小老鼠在树林中散步的同时联想到了小老鼠的声音，更具拟人效果。在句法层，译文的句法和原文的句法均采用对话体，小老鼠和其他小动物一问一答的叙事方式，再现原文的故事情节，生动活泼。

在语义层面，“A fox saw the mouse and the mouse looked good”这句话并没有直接指示出狐狸想吃小老鼠的想法，而是通过“good”一词描述出小老鼠对于狐狸是美味。译文“馋得口水直滴答”完全体现了狐狸的想吃小老鼠的坏心思。

当狐狸邀请小老鼠到家里做客时，小老鼠婉拒了狐狸。“It's terribly kind of you, Fox, but no — I'm going to have lunch with a Gruffalo.”（Donaldson，2016）在中文里，我们在拒绝别人的邀约时为表示礼貌通常不会直接说“不”，而是用“不好意思”“抱歉”等委婉语拒绝。译文的语用场景便是拒绝狐狸的邀约，此处的译文“哦，狐狸，你太客气啦！可是很抱歉——咕噜牛约我来吃饭，一会就见面”（任溶溶，2005）。增加了语气词“哦”体现了小老鼠对狐狸的“感谢”，同时“客气”和“抱歉”完整地表达了小老鼠的婉拒之意，达到了目的语交际寒暄的语用要求。

从上面的例子可以看出，译文在语词守恒基础上，增加了儿童绘本的语音效果，使译文更加活泼生动。同时译文做到了句尾押韵，词汇简单易懂，对话富有场景性，可以激发儿童的想象力。

4.4 思维层守恒

如果符号与对象是基于协约或习惯的三元关系，这一符号就是象征符或三级范畴符号，是唯一真正的符号。三级范畴符号与其表征对象没有相似关系，也不直接关联可自由表征对象，表征方式因符号使用者而各异。思维层的翻译，从狭义的角度可理解为语内翻译，即在同一语言符号系统内出现的符号转换活动（佟颖、王铭玉，2018：10）。语内翻译凸显的是一个语言符号系统能以多种方式指称他物的能力，即通过不同的语境替换形式，指称普遍（即非具体）的事物（对象）（格雷，2019：184）。绘本翻译注重符号传达的语境信息，语境是由语场、语旨和语式三要素共同决定。绘本中的语境信息是儿童思考、理解文章的关键，也是儿童正确认知符合相互关系的重要因素。

4.4.1 语场

语场即话语范围，是话语在行使功能的整个事件以及说话人或写作者有目的的活动。语场指实际活动过程中所发生的事，以及参与者所从事的活动，其中语言活动是最重要的组成部分。语场包括交际活动、言语的选择、谈话者各自的目的（谢建平，2008：54）。语场决定了原文话语符号的选择以及译文根据语场所输出的符号。儿童绘本的语场根据故事背景而生成，其中的交际活动和言语要符合儿童读者的认知和用词习惯。

当小老鼠与咕噜牛一同行走在森林中以说明大家都怕他时，小动物们都落荒而逃。此时小老鼠和咕噜牛的对话是小老鼠说："You see?" said the mouse. "I told you so." (Donaldson，2016) 咕噜牛对此的反应分别是：

> "*Amazing*!" said the Gruffalo.
>
> "*Astounding*!" said the Gruffalo. (Donaldson，2016)
>
> "看见没有?" 小老鼠说，"大家见我都逃跑!"
>
> "这事还真是有点儿怪!" 咕噜牛说道。
>
> "你还真是不得了!" 咕噜牛说道。(任溶溶，2005)

此处的语言符号和语场决定了咕噜牛的反应是十分震惊、难以置信的。原文分别用了两个斜体的感叹词"amazing"和"astounding"来说明咕噜牛的心情。同时咕噜牛对小老鼠的本事也从不相信到逐渐确认的态度。译文突出了感叹词的隐含意义，根据符号意义和语场选择"还真是有点儿怪"和"还真是不得了"层层递进，传达了咕噜牛的交际话语和目的。

4.4.2 语旨

语旨即话语基调，指参与者之间的角色关系，是话语的参与者之间的一种永久性的或暂时性的相应的社会关系（谢建平，2008：55）。儿童绘本中的语旨包括原文本与原文读者之间的角色关系，以及原文本各角色之间的关系。译文在转换时的语旨包括译文与译者之间的关系，以及译文各角色人物之间的关系，二者应该相互照应。

> They walked and walked till the Gruffalo said,
>
> "*I hear a hiss in the leaves ahead.*" (Donaldson，2016)
>
> 一小一大往前走，咕噜牛忽然停下，
>
> "草丛里面嘶嘶响。你可知道那是啥?"（任溶溶，2005）

此处的原文本并没有提到小老鼠和咕噜牛的体形差异，然而图画中的符号显示的是小老鼠在前走，咕噜牛在后面跟着，富有戏剧性和趣味性。译者根据图画符号，在文本中将图画符号与文本符号相结合，显化出"一小一大"的图画符号，不仅完整表达了原文的语义，同时将原文的角色关系完整体现出来。译者也将咕噜牛的思维"你可知道那是啥”显化处理，同时文本押韵自然流畅，符合目的语的口语表达习惯。

4.4.3 语式

语式即话语方式，指言语交际的渠道或媒介，事件中的话语发挥功能的方式（谢建平，2008：56）。儿童绘本的读者是儿童，因此语言要富有童趣，用词不宜深奥，句式不可太长。同时绘本中的人物话语多以口语体根据角色定位呈现。交际的方式和媒介影响着交际者，即原文作者和译文作者对于文本中的符号选择。

> “*Gruffalo crumble*!” the Gruffalo said,
>
> And quick as the wind he turned and fled. (Donaldson, 2016)
>
> “咕噜牛肉！”咕噜牛一声叫，
>
> 快得像风，他转身就逃！（任溶溶，2005）

原文将咕噜牛逃跑的速度比做“wind”，采用比喻的语式传达交际信息。译文保留了原文的语式，“快得像风”同样采用比喻的语式形象地传达原文的语义，达到了思维层的守恒。

由上文的例子可以看出，在原文的图像符号与译文的图像符号相同的情况下，译文会根据目的语读者和译文文本的表达习惯在语旨和语场层面变换符号，但是译文的符号在传达原文的基础上增补或者显化原文的语义和语场来帮助目的语读者更清楚地了解原文的意义。译文并不改变原文的语式，以同原文一样符合目的语读者的语式传达交际信息。

5 结语

儿童绘本是儿童幼时接触的主要文学形式之一，在儿童成长过程中扮演着重要角色。翻译符号学以翻译过程中的符号转换为研究对象，不仅涉及有形符号的转换，还涉及有形符号与无形符号之间的相互转换。目前从符号学及多模态视角探讨绘本翻译的研究仍是少数，本文从符号守恒的角度，根据符号守恒定律探究《咕噜牛》绘本各种模态之间在质感层、现实层和思维层的符号转换，以期从符号学和翻译学跨学科视角为绘本翻译研究提供可资借鉴的思路。

可以看出，在质感层，译者可以根据读者的喜好和需求更改图画内容，使其更具趣味性，但绘本所呈现的图画多与出版社的选择有关。译文在语音、图画符号展示等方面，在符合译文规范的前提下，努力再现原文中的符号信息；但原文中斜体表示的角色语言在译文中被省略，而译文为了突出文本效果，通过其他手段实现质感层的守恒，比如增大字号、加粗显示等。在现实层，译文在语词、语义和语用层面在完整表达原文寓意的基础上突出语音节奏感及押韵，符合语用场景，在实现现实层的守恒的同时超越了原文的符号信息，契合了目的语读者的符号现实。在思维层，译者保留原文的语式，同时根据读者需求变更语场和语旨，甚至根据图象在语言层面创造出新的符号以实现思维层的符号守恒。

参考文献

[1] Donaldson, J. *The Gruffalo* [M]. London: Pan Macmillan, 2016.

[2] Donaldson, J. 咕噜牛 [M]. 任溶溶，译. 上海：外语教学与研究出版社，2005.

[3] 曹明伦. 语域再现和译者的虚拟社会角色——兼谈儿童文学作品的翻译 [J]. 中国翻译，2016，37 (01)：112－115.

[4] 陈曦，潘韩婷，潘莉. 翻译研究的多模态转向：现状与展望 [J]. 外语学刊，2020 (02)：80－87.

[5] [荷] 丁达·格雷. 符号学与翻译问题研究 [M]. 贾洪伟，译. 天津：南开大学出版社，2019.

[6] [瑞士] 费尔迪南·德·索绪尔. 普通语言学教程 [M]. 北京：商务印书馆，2011.

[7] 贾洪伟. 论翻译符号学的符号分类与转换 [J]. 山东外语教学，2018，39 (01)：111－118.

[8] 贾洪伟. 翻译符号学的三域问题剖析 [J]. 天津外国语大学学报，2020，27 (01)：98－109.

[9] 佟颖，王铭玉. 翻译符号学视域下的符号守恒 [J]. 山东外语教学，2018，39 (01)：99－110.

[10] 王洪林. 符号学与多模态视角下的儿童文学翻译——兼评《翻译绘本》[J]. 中国翻译，2019，40 (03)：124－129.

[11] 谢建平. 功能语境与专门用途英语语篇翻译研究 [M]. 杭州：浙江大学出版社，2008.

[12] 修文乔. 中国当代儿童读物英译出版与传播 (2000－2019) [J]. 上海翻译，2020 (05)：89－93.

[13] 徐德荣，范雅雯. 乡土语言与中国儿童文学英译的风格再造——以曹文轩作品《青铜葵花》的翻译为例 [J]. 外语教学，2020，41 (01)：93－98.

[14] 徐德荣，江建利. 论图画书翻译中的风格再造 [J]. 中国翻译，2017，38 (01)：109－114.

[15] 袁宏，王海鹏. 国外儿童绘本在中国的译介分析与启示 [J]. 出版广角，2018 (17)：58－60.

Semiotics and Multimodal Translation: Semiotic Conservation in the Translation of Picture Books

Qi Ruonan
(Tianjin Foreign Studies University)

Abstract: As a vital part in children's literature, picture books are an important source of language, concepts and images during the growth of children. Traditional translation studies on picture books put more attention in terms of the skopos theory, translator's subjectivity, aesthetic representation etc. Picture books, focusing on sound effects, have three important signs: image, text and voice. In recent years, multimodal translation has become an emerging approach to study translation. This article focuses on the multimodal translation of a picture book titled *The Gruffalo* from the perspective of semiotics, and analyzes the semiotic conservation from the texture layer to effective layer, and to thinking layer, as well as the conservations and mutual influences between different signs.

Keywords: translation semiotics; semiotic conservation; picture book translation; multimodal translation

作者简介

齐若楠，女，天津外国语大学，硕士研究生。研究方向：翻译理论与实践。

“中间地带”表现的巅峰：苏珊·桑塔格新历史歌舞小说《在美国》田野符号学研究

张 艺 刘文飞 周凌云

摘 要：以探索先锋艺术形式、批判资本主义庸俗文化著称的美国“非官方文坛皇后”苏珊·桑塔格，也是一个擅长在历史图景的深处攫取创作灵感的小说家，她的“历史创作”是其经典文学世界不可分割的一部分。桑塔格的“历史传记”《在美国》呈现了三重符号世界：两性交往的田园牧歌乌托邦的社区符号、自反性自我的变革与再生之旅的自我符号、艺术的情感与情感的艺术创新的情感符号。桑塔格通过构筑这三重符号世界以及创造出一段艺术旅行来疗治现代人的身份危机及人性的物化，重建现代人的感性与艺术的品性，指明走出美国文明的焦虑与困境的一条道路。也就是强调“流动”与“在路上”的多元文明的碰撞与融合，强调感性的艺术思维方式的重要性，强调人生境界永远“未完成”的开拓，其动力及源泉来自倾听“艺术的心灵”的声音及回到“情感的力量”。

关键词：《在美国》 社区符号 自我符号 情感符号

1 前言

“美国文库”出版了《苏珊·桑塔格：二十世纪六七十年代随笔》，向读者呈现了其二十世纪六七十年代出版的主要著作，包括《反对阐释》《激进意志的样式》《论摄影》《作为疾病的隐喻》，还首次收入6篇从未结集出版的随笔，体现了她在美国作家威廉·巴勒斯、英国画家弗朗西斯·培根研究方面的成果，以及她对衰老、美和女权主义运动做出的独特思考。这些批评著作入选“声望显赫的美国文库”，标志着苏珊·桑塔格业已进入美国经典作家的行列。然而，缘何将苏珊·桑塔格推向文学经典的“先贤祠”的美国文库，会忽略其在虚构文学上的成就？我们又应该如何认识、解读这样一位“迟来的经典作家”？联系国内学者也往往为桑塔格在批评方面的耀眼光芒所吸引，而忽略了其在小说创作方面的“杜鹃泣血”。这一情况与作家本人再三强调自己小说家的身份十分不同。事实上，桑塔格的小说创作展现的是其文学生涯的另一个侧面，也是其文学观点的重要组成部分，应该是其成为美国经典作家的重要原因。桑塔格的儿子大卫·里夫曾坦率地与其母亲的读者交流：“虽然她‘更以随笔作家而非小说家而闻名，也因此受到更多好评’，但是‘我一直都无法完全明白，从我母亲写作生涯开始到结束，她怎么会造成屈尊俯就的，她误解了自己才华的本质。但从一开始，她的梦想就是成为小说家，其次才是评论家’。”（大卫·里夫，2012：2）这一作家的写作与批评的接受之间存在"隔膜"与"疏离"的问题，必须回溯到"何为文学经典"这一问题本身。

"一千个人眼中有一千个哈姆雷特"，从接受者的角度看经典文学，其经典性的地位是不稳定的，会随着语境及历史的变迁而变化；然而，从创作主体的角度看经典文学，其经典性的地位又是稳定的，在"未来的读者"面前，必然会战胜一时的"阅读的误解"。正如《西方正典：伟大作家和不朽作品》的作者哈罗德·布鲁姆所言，"经典的形成涉及一个深刻的真理：既不是由批评家也不是由学术界，更不是由政治家来进行的"，而是由"作家、艺术家和作曲家们自己决定了经典，因为他们把最出色的前辈和最重要的后来者联系了起来。"（布鲁姆，2011：412）在桑塔格身上，使桑塔格成为经典的还是桑塔格自己，因为，一方面，她具备成为经典作家所需要的执着写作的品质，她一直坚持评论和小说创作的齐头并进；另一方面，不同于布鲁姆所称赞的弥尔顿"直接战胜传统并使之屈从于己"（布鲁姆，2011：20），桑塔格战胜的是自己所继承的传统。这一在继承中批判的特质，使桑塔格成为文学史中的桥梁，联系着过去与未来，这就是她无愧于经典地位的理由所在。我们可以看到，在小说创作领域，从创作《恩主》与《死亡之匣》，到创作《在美国》与《火山情人：一个传奇》，她战胜自己所继承的法国先锋艺术的审美趣味，回到欧洲历史的长河中攫取小说创作的灵感。

同时，真正的文学经典在创作之初就应该具有读者亲近的禀赋和面向未来读者的前瞻：经典"并非只是一个正向继承和发展的历史过程，而且更重要的是一个后人不断阐释和评说的过程"（张杰，2007：16）。因为，"从时间上来说，正向发展无论如何是非常有限的，到作家本人去世或终止文学创作为止，而逆向发展则是无限的，只要人类的文学批评活动还存在，只要这位作家的创作还拥有读者，还具有一定的研究价值，就会一直存在下去"（张杰，2007：16）。让我们重温布鲁姆说的"文学研究的最终目的就是探寻能够超越一时之社会需求及特定成见的某种价值观的文学经典主义"（布鲁姆，2011：217），重读小说《在美国》，从作家创作的主体性角度细读文本，桑塔格在文本中构建了三个符号世界：两性交往的田园牧歌乌托邦的社区符号、自反性自我的变革与再生之旅的自我符号与艺术的情感与情感的艺术创新的情感符号。这三重符号维度不是单行其道，而是互相重叠、相互辉映，从而呈现出一个多元符号对话与融合的经典文学空间，寄托了作家对人生与艺术关系的探索，以及如何在艺术的敏感复杂与人性的返璞归真之间，寻找到平衡点的理想。

2 社区符号：两性交往的田园牧歌乌托邦

桑塔格小说的评论者们经常提及她的小说里存在"一个意志力的世界"（Rollyson，2001：180），理由是她在文论写作及实际创作中都推崇齐奥兰的"精神苦训"：相信"道德敏感"来自"疏离状态"。这要求我们"必须切断我们的根，成为形而上学意义上的外来者”（桑塔格，2007：92）。在“‘自省’：反思齐奥兰”的评论文章中，桑塔格阐述了自己对于“意志和其改变世界的能力”的观点，强调“从熟悉世界及家庭承诺摆脱出来的重要性”，为的是体验生活作为“一系列处境”本身、“放任自由的意识去探索自身”（Rollyson，2001：180）。小说《在美国》就是“意志的力量”（Rollyson，2001：180）哲学主题的文学再现：主人公玛琳娜在波兰舞台上如日中天，被誉为“波兰的舞台皇后”“民族的希望”，但是35岁的她毅然决然地与丈夫、儿子以及一群崇拜者一道移居美国，栖居在加利福尼亚一隅，希望在傅里叶式简朴的社区生活中完成“自我变革”和“精神复苏”。评论者们还注意到了这部小说的“乌托邦倾向”（Rollyson，2001：180），称其为一部“很好地体现了欧洲理想主义与美国精神的融合”（Rollyson，2001：181）的作品。桑塔格在这部评论者眼中的“历史传记”中构筑了一个代表着“伟大的傅里叶想象的理想社区”（桑塔格，2012：65）的符号世界，其中诠释并彰显着她对于两性交往模式的生活理想。

接连斩获全国图书奖（2000）和耶路撒冷奖（2001）的《在美国》，是一部新历史传记，主人公的原型是波兰裔著名演员海伦娜·莫杰耶夫斯卡（1840—1909）。这位女演员1868年在华沙崭露头角，却在1876年移民加利福尼亚的阿纳海姆，定居在波兰流放者生活的一个小社区里的一个农场，并开始学英语，为她一直渴望用英语来演出莎剧做准备。1877年她在旧金山主演《勒库弗勒》英文译剧，虽英文很差，仍十分成功。莫杰耶夫斯卡偶尔也到伦敦演出。在加利福尼亚，莫杰耶夫斯卡不仅爱上了当地的田园风光以及田园牧歌的生活方式，还陷入与丈夫卡罗尔·克拉鲍斯基和青年作家亨利克·显克维奇的情感纠葛之中。她的丈夫是波兰古老的地主家庭的后代；显克维奇日后是诺贝尔文学奖得主。桑塔格1994年在加利福尼亚马利布的葛底学院研究莫杰耶夫斯卡的生平，她饶有兴趣地把“历史细节、情感刻画和现代意识”（桑塔格，2012：411）以非凡的想象力糅合进《在美国》的历史虚构故事中。主人公玛琳娜在处于舞台生涯的巅峰时刻，抛下了在波兰舞台上如日中天的表演事业，逃离自己的出生地克拉科夫，向南走了70英里来到扎科帕内的一个山村。这里“有着浓厚的民族习俗，方言也别有风味，在城市人眼中犹如美洲的印第安，充满异国情调”（桑塔格，2012：63）。玛琳娜和丈夫“每年夏天都要到这里小住一段时间”（桑塔格，2012：63），这次她与随行的丈夫波格丹·登博夫斯基（在美国改名玛菱娜·扎温斯卡）、儿子皮奥特（在美国改名彼得）以及一群亲朋好友一道，“选择了纯朴的乡村生活”。就如他们曾经描绘的“理想社区的蓝图”，“将来某个时候和几个朋友一道永远定居山林，潜心研究艺术，享受健康的生活”（桑塔格，2012：63）。玛琳娜还给她的仰慕者、青年作家里夏德写信，邀请他离开华沙，加入他们“从伟大的傅里叶想象的理想社区得到启发”，建构的“我们的乌托邦”（桑塔格，2012：65）。在享受了短暂的“真正的自由”，“婚姻带来的真正的满足”（桑塔格，2012：74），领会到傅里叶所说的“人应该和谐相处”（桑塔格，2012：93），就像“莎士比亚的戏剧包罗万象”以后，她发出了心灵的呼喊：“就像在美国。美国意味着一切。"（桑塔格，2012：93）于是，他们就这样奔向美国，实现移民的梦想。

故事的"中心"——"三人组"（罗利森 & 帕多克，2009：376）里，波格丹想着"因为她是我的妻子，我得照顾她。因为我可以向哥哥表明，我是个务实的人"（桑塔格，2012：92）；玛琳娜为了治愈"中年危机"，也为了"变革自我"；里夏德决心"一定要随时捕捉生活中的浪漫传奇，以此树立高远的志向"（桑塔格，2012：98）。梦想与信念交织在一起，相得益彰。他们三人以及玛琳娜的一群崇拜者一道，经历了似乎是"永无休止的海上航行"，来到了"等待已久的田园风光"。这群观瞻了"摩西雄伟的塑像"的"新到美国的移民"，将自己置身于"一片令人鼓舞的景象"："东面是圣安娜山脉，再往北走、再往东是圣贝纳迪诺山。房子的两侧和后面是松树、加利福尼亚月桂、无花果树和一颗生机勃勃的橡树。远处是牧草丛生的旷野，一堆堆的干草和玉米在太阳下晾晒，葡萄园向远方延伸。"（桑塔格，2012：156）正如"狭窄局促的舞台上怎么能营造出一个乌托邦大家庭呢"（桑塔格，2012：157），"他们不是把眼前的一切当作风景来欣赏，而是身临其境，走在这片土地上"（桑塔格，2012：158）。在这里，玛琳娜以及她的同伴们不是自然的欣赏者与旁观者，而是与自然实实在在打着交道的对话者与实践者。

景观符号学十分关注这种自然与人之间的交往，著名符号学家格雷马斯在《结构语义学》中这样阐述"环境"："在我们的景观概念中，'中心'由景观围绕着的观察主体组成。环境和观察者之间的相互关系可以解释为一种交往关系，周围的自然相当于信息的发送者，景观是一种经验（信息本身），观察者是信息或者景观符号语言的接受者。"（塔拉斯蒂，2012：309）一言以概之，是"风景向人'说话'"（塔拉斯蒂，2012：309）；人向风景"回应"。格雷马斯进一步说道："可以从'信息'接受者的视角来研究这种人与自然的对话及交往关系。景观的信息只能通过行动中的接受者来领会，例如在航海或者沙漠旅途中。"（塔拉斯蒂，2012：309）走在这片土地上，"他们开始体验到荒漠唤起了一种真正虚无的感觉。无声，无味，单调枯燥，荒无人烟的景象，在每个人心里产生了同样的效果，产生了一种令人心醉而又孤寂的印象；逐渐，取而代之的是更加积极，愿意体验孤独的愿望。大家都有玛琳娜一样的渴望：独处一地，完全孤寂（如果我，或者她，或者他？……）；没有巧合，不用感到内疚，任凭自己想象：就在广袤的荒漠之中，自己的至亲至爱突然消失。想象难道不就是欲望？他们须臾屈从于麻木不仁，然而，某种更深刻的恐惧使他们立即从麻木的感情中解脱出来。这是心灵的净化和磨炼。"（桑塔格，2012：159）格雷马斯曾强调，从接受者（观察者）转向景观信息，那么景观可以解释为一个文化单元，甚至是一个心理单元；观察者从自身的角度来看待风景，并且将自身的心理和态度投射到上面，从而实现了"自然的人化"（塔拉斯蒂，2012：311）。大家在看待"这片广袤的荒漠"的时候，不仅物激起了人的欲望，而且人也将感情投射给物，从而实现了人与物的"物我两忘""天人合一"。面对自然，身临自然，大家实现了心灵从物化的社会“解脱出来”，经过“净化和磨炼”，达到“全新的觉醒和激励”（桑塔格，2012：159）。正如景观符号学参考浪漫主义视角对“景观”的定义，景观在此视角中，是作为一种体验自然的心理方式，作为一种标出“内在”和“外在”的“边界”来理解。

玛琳娜和她的追随者们不仅与自然对话，而且还通过劳动改造自然，建构起属于自己的布鲁克农场。他们怀着波兰人不可遏止的理想主义，在艰苦的劳动和团队协作中将傅里叶的理想传说变为了现实。“他们总算集中了大家的力量、聪明才智、愿望以及并非十分严格的联合观念，各尽其能”（桑塔格，2012：208），“将精神追求和体力劳动完美地结合起来”（桑塔格，2012：203），创造出这个伊甸园社区。大家过起了“理想的生活”：“各自的兴趣不同，所干的活不一样，在干完活以后他们需要聚在一起：就像有教养的波兰人世世代代留下的传统。他们习惯了促膝交谈，直至深夜；他们无视农场的作息时间，哪怕影响第二天劳动的精力也在所不惜。”（桑塔格，2012：202）然而，在这个“理想的社区”内部，依然存在社会关系的不平等以及性别关系的不和谐。社会符号学十分关注这种社区内部的社会关系与性别关系，著名符号学家罗伯特·霍奇相信，理想社区“所再现的世界同样包含表现社会关系不同面貌的规约性信号，也都包含性别关系构成的两种矛盾的意识形态，其一以权力为特色，其二以亲密性为特色”（霍奇 & 克雷斯，2012：70）。“伊甸园社区”秉持“家，温馨的家”“海纳百川”，以及人人“平等的梦想”的理念，讴歌“田园牧歌式的同志情谊”（桑塔格，2012：216）；事实上，却依然存在“绝对的中心”以及“性别的压迫”。一方面，“整个团体屈从于艰苦的日常劳动，屈从于领袖的颐指气使，发号施令”（桑塔格，2012：178）；另一方面，“除了玛琳娜，妇女很少发言。她们似乎认为自己无话可说，说了也会受到批评；做决定是男人们的事”（桑塔格，2012：179）。

当然，这个大家在共同商议、共同劳作中建立起来的“理想社区”，在一定程度上彰显着“选择自由、闲适和自我修养”以及“灵魂会通过体力劳动而得到净化”的理想。“抛弃雄心抱负，深爱沐浴阳光，觅食自求果腹，一饱欣然意足。”（桑塔格，2012：191）特别是，它神奇般地治愈了玛琳娜在婚姻生活中的心灵枯竭。“难道就不容许摆脱婚姻的约束？难道就不容许传送新鲜的性爱能量？”（桑塔格，2012：177）有了年轻作家的陪伴与交谈，时常深入荒野深处骑马与探险，玛琳娜重新焕发出“美满婚姻生活”表象下内心的“心旷神怡”与“幸福感受”。尽管她一再坚持，“自我克制在社区生活中比婚姻生活中更加重要”（桑塔格，2012：204），她还是感受到里夏德同她一样感受到的“心花怒放、无比幸福”，感受到“对幸福的感受特别丰富”。并且她将个体对幸福的感受，在“理想社区”的劳作及生活中，超越、升华为一种“超乎自身之外”，“充盈整个世界”，“得把自己与世界联系起来”的感知：“幸福不能局限于狭小的个人存在，正如你不能把幸福装进带有你名字的匣子。你得忘记自我，忘记你的匣子。”（桑塔格，2012：223）

桑塔格在《在美国》中呈现的这重“乌托邦理想”的社区符号世界，其中主人公玛琳娜在社区建构及日常生活的田园牧歌中，突破了传统婚姻中两性交往的樊篱，通过与心灵知己的对话与交往，超越了一己的对生活和幸福的感知。她以“葡萄藤”的隐喻表达了自己对于“两性交往”的理想：“这些葡萄相互支撑，没有攀附，没有渗透，自立自强。”（桑塔格，2012：226）玛琳娜感悟，社区就像婚姻，寄托着“两性协作”的乌托邦理想：“乌托邦不是指某个地方，而是指某一段时光，一段极为短暂的时光，是不希望到其他地方去的极为短暂的时间。是否有一种本能，一种极其原始的、同呼吸共命运的本能？那就是最高的乌托邦。与异性结合的根源就是想更加深沉、更加急促……但自始至终共同呼吸的愿望。”（桑塔格，2012：180）

3 自我符号：自反性自我的变革与再生之旅

桑塔格曾一再表示，自己对“女演员的生活和移民”的题材非常感兴趣，想“基于此创作出一部抒发自我热情的小说”。《在美国》就是这样一部满足了桑塔格“在创作上的夙愿”的作品。评论家萨拉·克尔精辟地指出，《在美国》的主人公自始至终面临着亨利·詹姆斯的“古典难题”：温文尔雅的欧洲知识分子在辽阔、粗野而又朝气蓬勃的美国土地上面临的“两难处境”。古老的欧洲与新崛起的美国形成新旧文明的鲜明对照。欧洲代表了过去，代表根，代表传统；美国则象征自由、新颖和变革。“门不当户不对的恋人逃避家庭的反对、艺术家不能赢得观众应有的肯定、革命志士对斗阵彻底失望，他们统统都奔向美国！美国会医治欧洲人的创伤；要不，美国能让人忘却原来的理想，去追求新的欲望。”（桑塔格，2012：216）“美国不仅是革命志士反抗封建桎梏、追求自由恋爱的青年男女，以及大胆创新的艺术家的避难所，而且是波兰理想主义者摆脱过去、脱胎换骨、完成自我身份变革的圣地。”（桑塔格，2012：417）对于主人公玛琳娜而言，美国是一段在与“陌生”及“异化”的相遇中，发现新的自我并完成“再生”的“精神复苏”的旅程。正如史学家S. 伍德敏锐地发现，《在美国》“令人惊奇地带有自白性”（桑塔格，2012：413），也就是说，桑塔格将作家主体的自我意识投射到主人公身上，小说不仅是作家批评意识的载体，还是作家自我意识的载体。桑塔格将“写作的自我”投射到主人公的自我，又在对主人公的自我的写作中反思“写作的自我”，这种自我的“折射与叠加”构成了桑塔格创作独特的反思性。她在《在美国》中建构了一重自我符号世界，其中主人公玛琳娜通过移民他乡，努力“克服文化与个人历史的束缚”，逐渐完成某种形式的“自我超越”，并且在这一“自我身份变革的艰难历程”中，“从中探索人生和艺术的本质”（桑塔格，2012：417）。

主人公玛琳娜自我的变革与再生之旅表现为，从放空内心到远离自身，再到重返“命运”的“螺旋式的升华轨迹”，并且这一进程是“未完成”，“永远也不会终止”（桑塔格，2012：418）的。首先，“海上旅行本身”就已经改变了她：“我的内心生活完全消失。波兰，舞台，似乎变得非常遥远”（桑塔格，2012：155）。然后，她选择“远离文化和社会之外”，“变成阿纳海姆的一名普通的移民，说得更确切一些，一名葡萄种植园的农妇”（桑塔格，2012：418）。“玛琳娜发誓，在加利福尼亚的这个地方，她决不披露过去的身份。”她远离了自己“波兰舞台皇后”的身份，将自身隐匿在辽阔富足的加利福尼亚地区的村民中。“星期天做弥撒的时候，她和丈夫，以及其他朋友出现在圣博尼费斯教堂，玛琳娜还能给村民留下的印象，最多莫过于戴了一顶新帽子，显得雍容华贵。”（桑塔格，2012：206）再后来，就在她开始“发现自我、完成再生”没多久，乌托邦社区的解体为她的新生创造了机遇，她提出“要为筹措资金重返舞台”。她的丈夫也意识到，“阿纳海姆的农场生活并不是她想要的生活，她需要的是新的自我”（桑塔格，2012：418）。也就是说，玛琳娜一直是在对过去的自我的扬弃基础上追求新的自我。在这点上，她的自我身份的追求是十分“美国化”的：“在美国，现在并不是对过去的进一步肯定，而是取消和代替过去。对过去任何形式的依恋都十分淡薄，这可能是美国人最突出的特征。”（桑塔格，2012：231）与此同时，她的身上还保留欧洲人对“自我”进行锲而不舍的形而上的哲学思考的传统。玛琳娜身上欧洲气质与美国精神的碰撞及融合体现在她“自反性”自我的变革和再生之旅始终。著名符号学家诺伯特·威利认为：“‘自反性’这一多义词的共同性体现在‘flex’（折射、反射等），因此指称一种循环或重复的圈。它指我们以一种仿佛正在远离自身的方式，来看待某个事物；并且在某个点上，自我又颠倒了方向，朝自身移回来。这种自我循环的模式呈现出自我的自反性。”（威利，2010：80—81）正如笛卡儿曾指出，“自反性”是哲学的基础；“自反性”是自我身份构建的基础。威利指出，自我其实是以一种认知意义和情感意义上的自反方式被建构出来的，这也就是菲希特所说的“自我生成的自我”（self-creating self），以及米德所说的“本体发生学的自我观”（威利，2010：98）。威利还进一步指出，“自反性”与“对话性”都是自我的基本属性。对话性自我，特征是巴赫金所概括的自我的“敞开与对话”；自反性自我，特征是克尔恺郭尔所总结的自我的“自省与反思”。

玛琳娜没有在如日中天的舞台辉煌中丧失自我反思的能力；相反，她意识到“问题在我自己，在可怜的自我”（桑塔格，2012：38）。于是，她逃离那个“舞台皇后”的旧的自我，选择“纯朴的乡村生活”，来涤荡并进化自己的内心：“她喜欢扫地，用力挥动扫帚，一来一回与她的思维节奏十分合拍。她喜欢剥豆子，在门廊中，坐在用石兰枝条编织成的安乐椅上，什么事也不想，因为她内心深处感到宁静、空泛。作为演员，她曾因此受益匪浅。她并不怀恋舞台生涯，她谁也不想。”（桑塔格，2012：162）神处于田园牧歌的土地上，心灵在与周围景观的对话中磨炼、净化、合一，她相信“自己确实已经从过去摆脱出来”；“如今，崭新的生活，新奇的景致，以及展现出的广阔前景已浑然臻于圆满”。（桑塔格，2012：163）当她的精神知己、后来发展成为她的性爱伴侣的里夏德质疑她的变化“是否真实”，“难道你真的变化得这么快？这可能吗，玛琳娜？"她毫不犹豫地回答他"完全可能"。她对"亲爱的朋友"解释道："她从来没有像现在这样乐观，这不是冒险，这是崭新的生活。这是我渴望的生活。我并不怀念舞台。"（桑塔格，2012：183）里夏德进一步追问她的内心："玛琳娜夫人，难道你就不怀念已经习惯的舒适生活？"玛琳娜用英语朗诵了一段话作为回答："啊，如今我到了阿登。我真是个大傻瓜；在家里要舒服得多喱；可是旅行人只好知足一点。"（桑塔格，2012：183）可见，玛琳娜始终以一个"旅行人"的视角看待自我的身份，并把在社区此时此地的生活视为"一种尝试"，一种"两种生活之间的间歇"。她所说的两种生活显然是指"舞台生活"和"真实生活"。而她的丈夫波格丹却发现妻子"并不是渴望崭新的生活，她需要新的自我。我们的社区是她获得自我的形式；如今，她一心一意要重返舞台"（桑塔格，2012：235—236）。玛琳娜则省悟，"她要的是离群索居，在寂寞孤独中重构艺术的直觉和技巧、激发永不衰竭的欲望，再塑初生牛犊不怕虎的精神。正是依靠这些她才成为演员。坚定有力的台步和自然卓立的身姿已经不用加以锤炼。专注于自我的艺术才是真正创造的关键所在，她现在需要的是闭关修炼"（桑塔格，2012：239）。桑塔格从情人"看"玛琳娜、丈夫"看"玛琳娜以及玛琳娜"看"自己三个视角，分别诠释了自我其实是一个自反性的过程，是一个螺旋式前进的轨迹。桑塔格还从自我与艺术的角度阐释了女演员关注自我对其表演事业的重要性，正如主人公玛琳娜阐述的，"其实，要发现自己隐秘的天赋，必须在自己身上挖掘"（桑塔格，2012：244）。桑塔格展现了自己"女艺术家批评"① 的思想，她相信，自我，尤其是擅于从反思与超越中建构新的自我，是女艺术家艺术能量的源泉。

桑塔格在呈现小说文本中自我符号的世界时，还艺术再现了"透视镜自我"以及"自我的第二秩序"的哲学思考。"沿着自我的自反性谱系走下去的最后一位思想家。"（威利，2010：86）亚当·斯密提出过"透视镜自我"的自我阐释模型。斯密以"透视镜"为隐喻指出，"我们在审视自身时"，"会自觉调整并适应我们所认为的他人对我们的看法"（桑塔格，2012：86）。而在《自我的超越》一书中，萨特也认为，当自我没有以第二秩序的方式，也就是在第一自我之外，凝视、反思第一自我的方式观察自己时，自我并不存在。对萨特而言，自我的第一秩序意识是"透明"的，无主我的，而且被建构为一种"虚无"；只有自我的第二秩序意识才是"反思"的，主我的，而且被建构为一种"意义"。桑塔格在构建玛琳娜自反性自我符号世界的同时，站到了里夏德的背后，用他的眼光"看"玛琳娜的自我符号世界，发现有"两个玛琳娜"存在："一

① "女艺术家批评"这一术语受到女权文学评论家肖沃尔特在1979年发表的《走向女权主义诗学》（*Towards a Feminist Poetics*）一文的启发，但是笔者的术语与肖沃尔特不同，强调自身是女艺术家的批评眼光。肖沃尔特提出，女权批评可以分为两类：一类可以被称为"女权主义批评"（the feminist critique）；第二类女权批评即"女作家批评"（gynocriticism）。她认为"女艺术家批评"是第三类。笔者不将女权批评分类，而是从自主艺术的角度，展示"多栖"艺术才能。肖沃尔特是在1979年论文中首次提出"女作家批评"这一具有革命意义的名称。参见金莉：《当代美国女权文学批评家研究》，北京：北京大学出版社，2014。

个玛琳娜和面做面包，在院子中用原木桶做饭，给菜地除草；而另一个玛琳娜亭亭玉立，在一旁惊奇和怀疑地凝视着她自己。”（桑塔格，2012：212—213）洞悉并走进了玛琳娜内心的里夏德发现，他爱恋的人自我的这种分裂与自反，从一个“对话者”以及灵魂伴侣的角度，进一步证实《在美国》的中心——玛琳娜的自我符号世界中，充满着自反、冲突与反思。正是这种自我的自反性力量，推动其实现自我身份的变革与再生；也正是这种自我的自反性力量，注定了其一直“在路上”、进行永远“未完成”的自我与艺术之旅。

4 情感符号：艺术的情感与情感的艺术创新

桑塔格在呈现自反性自我的变革与再生之旅的自我符号的世界时，同时还呈现艺术的情感与情感的艺术创新的情感符号的世界。曾经有评论家赞誉她是“年轻的苏珊·朗格”。我们都知道，苏珊·朗格是以“艺术符号学”，特别是“情感符号学”的理论建构而闻名。她把艺术定义为“人类情感符号形式的创造”，并认为：艺术对它所表现的东西，不仅仅是“意义”，而且是“意味”。作品中能够让我们知觉的东西，“有意味的形式”，即一种情感的描绘性展现，它反映难以言表从而无法确认的感觉形式。她注重艺术符号的内涵，表达并强调“艺术符号的意味特征”，将艺术符号归结于难以名状的“生命形式”，艺术中的符号是“人类感情符号的创造”；艺术是人的感情世界、人的内在生活的表现。她还认为，“对于艺术品结构的研究越是深入，我们就越会发现艺术结构与生命结构的相似之处，由于这两种结构的相似之处才使艺术作品与普通事物区别开来，更具有生命的意义”（冯钢，2013：30—31）。之所以说苏珊·桑塔格是“年轻的苏珊·朗格”，是因为她们两个人对情感与艺术以及艺术与生命的认识，有着太多的相似与相通之处。只不过，相比于苏珊·朗格是哲学化、体系化地建构“艺术符号学”的理论，提出“艺术是情感的符号化表现形式”，苏珊·桑塔格则是批评化、散文化地评论，同时艺术化地再现“艺术情感学”①（an erotics of art）的宗旨在于“恢复对艺术的感受力”。在看待情感与艺术关系的问题上，她们不仅旨趣一致，而且心意相通，都相信苏珊·朗格说的：“艺术品就是情感形式的意象（桑塔格没有用‘意象’一词），它们的表现力可以呈现出心智（桑塔格用的是‘自我意识’一词）以及人性的各个方面。”（Langer，1967：xviii）情感是心智（自我意识）与艺术之间的桥梁。因此，对文学经典作品的解读，不能忽略去寻求情感方面的真实个性的阐释并考虑每一种情感形式的独特性。

在苏珊·朗格看来，情感是一个行为，可以有不同的方式感知，外界给我们的刺激

① “艺术感情学”（an erotics of art），也译为“艺术色情学”“艺术爱欲学”。笔者在这里呼吁的是艺术的感情而非艺术的色情。参见 Sontag，Susan.“Against Interpretation”. *Against Interpretation and Other Essays*. New York：Farrar，Straus and Giroux，1966.

而得到的情感即外源性情感（exogenous feeling）；来自内部行为而带来的情感冲动即内源性情感（autogenous feeling）。"外源性情感"与"内源性情感"可以通过艺术家的表演融合在一起："玛琳娜认为演员在感染观众的同时自己也在变形，在经历与角色同样的情感变化：伟大的戏剧让人变得更加完美……你会感到自己受到角色的感染，得到完善……觉得自己已经不再是原来的自我。古老的自我变形而引起的战栗消失了……需要与扮演的悲剧女主人公取得认同。和她们一起伤心难过，痛哭流涕，自己常常在帷幕落下以后还不能自持，木然地躺在化妆间内直到体力得到恢复。在整个戏剧生涯中，每次演出我都感受到角色的巨大痛苦。"（桑塔格，2012：421）苏珊·朗格还对应于情感产生的内因与外因，区分了两种情感：表现情感（emotivity）和易感情感（affectivity）。"一个是机体本身的状态，是被自身感知的；一个是以外界世界为定位的感受性。"（沙凯，2014：69）苏珊·桑塔格将"表现情感"艺术创造成"理想主义激情"，正如玛琳娜所言，"激情非常美好，理解也是如此；逐渐理解也是一种激情，也是一次旅行"；"易感情感"艺术创造成，"按照傅里叶先生的观点"，"有影响的情感"，也就是里夏德提到的"抱负""友谊""家庭情感"以及"一种你还没有提到的情感，或者说，是一种你已经忘却的情感"（桑塔格，2012：209）。在这里，里夏德指的是男欢女爱的激情。两种情感在女演员玛琳娜身上统一于"真正的艺术家""表现情感"："我应该麻木不仁，应该有一副铁石心肠。哪个真正的艺术家拥有那样的铠甲？只有感情丰富的人才能表现情感；只有具有真爱的人才能激发爱的火花。"（桑塔格，2012：56）真正的艺术家情感丰富、情绪复杂多变，会历经"灵魂躁动不安""激情""收敛和克制"，以及"表现的包容力"，沉淀下来，变成"复杂的简单"，最后达到"返璞归真"；而正是艺术家这种"丰富的情感"，会"打动观众"，"赢得艺术的桂冠"（桑塔格，2012：46）。

在苏珊·朗格看来，艺术情感的内涵是在个人的洞察中构思并富于想象力地表现的。可以说，艺术家不仅是情感丰富的个人，而且还要是一个想象力丰富的"梦想家"。只有将丰富而敏感的情感插上想象力的翅膀，才能放飞伟大的艺术作品。而艺术家的"情感"不同于普通人的情感，不仅会与想象力合流，而且还会体会到"瞬间移情"："玛琳娜突然觉得科灵蕾小姐所有的情感都传到自己身上。这些情感在她的体内不安地跳动，使柔弱不安的地方变得镇定。"（桑塔格，2012：255）艺术家的"爱"不同于普通人的爱，会领悟到爱的不同层次及不同形式："丈夫的爱。友情。但是，我们都知道，世界上还有其他形式的爱。"（桑塔格，2012：386）正如女艺术家玛琳娜在经历了表演的爱、自然的爱、丈夫的爱、知己的爱、自我的爱以后，感悟"幸福有多种形式，但是能献身艺术是一种特权，是上帝的恩赐；而女人又懂得如何放弃男欢女爱"（桑塔格，2012：388）。最终，玛琳娜与艺术的爱相遇，感受到一种"超脱自我"的爱的维度。

玛琳娜作为"波兰理想主义者"的激情和作为"年轻作家里夏德的情人"的激情是合一的，体现于她对表演创新锲而不舍的追求。她拒绝"因循守旧"，积极投身于对戏剧表演艺术如何在实现“升华道德、服务公民的使命”的同时，在形式上开拓创新。她寻找到一条道路，即在“艺术上的师承”与“道德上的血缘”之间，不断进行情感上的创新。苏珊·朗格曾经指出，艺术形式总是情感知觉生命的形式。艺术既是情感的投射，也是经验世界的主体化（Langer，1953：149）。而“情感形式的呈现正是艺术符号创造性的形式表达的目的所在，它在丰富的想象力及卓越的创新性中实现，并在抽象视角与艺术再现中表现出来”（Langer，1953：41—42）。经过情感的历练，玛琳娜说道：“我现在已经不是轻松活泼、精力充沛的小姑娘了，但是我的欢乐和激情一点未变。我相信我能准确无误地模仿现实生活中那些不曾有过的情感。我不是靠本能演出的伟大演员。但我不知疲倦，而且我很坚强。”（桑塔格，2012：263）玛琳娜还和其他人讨论了有关“伟大的演员”的话题：“有个问题我们俩可以讨论一下：女人能否成为伟大的演员？内德认为，只要想成为女性的典范，她就不能成为伟大的演员。”（桑塔格，2012：403）对此，玛琳娜不同意“女性的典范”品质与“伟大的演员”素质之间会存在二元对立的冲突。她相信的是，越是伟大的女演员，越会从“身为女人”自身、从女人的生活中挖掘、发现情感的丰富内涵及形式创新，从而实现“不脱离性别而又超越性别”的伟大的艺术事业。玛琳娜还坚持，在这种情感的探索及创新以外，“责任心”的重要性，正如她自己说的，“需要对艺术负责”，“对她的心智健全负责”；同时“没有必要过多地担心”（桑塔格，2012：329）。好的女艺术家懂得在紧张与放松之间，享受“两种生活的间歇”；在传统与创新之间，享受幸福感受的多样化。正如，《在美国》始终以“旅途”作为“人生与艺术”的象征叙事，女艺术家的艺术探索与情感创新始终“在路上”，“未完成”，其“不确定性”需要承诺：“此时此地我们能否彼此承诺，要创新的时候，首先告诉对方一声？我们的旅途还很漫长。”（桑塔格，2012：408）

桑塔格主张培养一种“艺术的情欲”，也就是“艺术的情感”，她认为，“读者应该细心去体会艺术的复杂性、丰富性和似是而非。读者需要去剥开层层虚饰，探索其中的奥秘”（桑塔格，2012：419）。她创造出一个艺术的情感与情感的艺术创新的情感符号的世界，其中女作家的意识与女主人公的形象融合在一起，共同彰显着桑塔格对于情感乃是“意识与艺术之间的桥梁”的信仰。

5 结论

2008 年诺贝尔文学奖得主勒克莱齐奥曾经说过：“经典永远是经典，任何一本伟大的书，永远没有结局。”桑塔格一生热爱旅行和写作，把文学视为“精神旅行”（桑塔格，2009：184）。作为蜚声大洋两岸的批评家及小说家，桑塔格把文字当作自己“公共知识分子的良心”，把文学视为“自由”（桑塔格，2009：197），她的小说创作已成为“她文学成就不可分割的一部分”，并且在她的文学经典化的进程中扮演着不可或缺的角色。桑塔格的小说创作，从早期追求形式的新、奇、特，自觉继承了法国新小说的先锋特色，到后期回归重视内容的真、善、美，主动潜伏到历史的深处，发明传记式历史小说，自始至终都体现着桑塔格作为小说家的自觉与创新意识。身为女文学家、女批评家、一个移民民族——犹太民族的后裔，写一部表现移民到美国来的女演员的生活与艺术世界的小说，桑塔格的表现，自然是驾轻就熟、游刃有余。在创作《在美国》时，桑塔格摒弃二元对立、非此即彼的世界观，以一种柏格森的同时性意识，呈现社区符号、自我符号、情感符号三重符号世界并行不悖、多元交织的文学景观；并通过构筑这三重符号世界以及创造出一段艺术旅行，来疗治现代人的身份危机及人性的物化，重建现代人的感性与艺术的品性，指明走出美国文明的焦虑与困境的一条道路。也就是强调流动与在路上的多元文明的碰撞与融合，强调感性的艺术思维方式的重要性，强调人生境界永远未完成的开拓。其动力和源泉来自倾听“艺术的心灵”的声音及回到“情感的力量”。

参考文献

[1] Langer, Susan. *Feeling and Form* [M]. New York: Charles Scribner Sons, 1953.

[2] Langer, Susan. *Mind: Essays on Human Feeling* [M]. Baltimore: Johns Hopkins Press, 1967.

[3] Rollyson, Carl. *Reading Susan Sontag: A Critical Introduction to Her Work* [M]. Chicago: Ivan R. Dee, 2001.

[4] [芬兰] 埃罗·塔拉斯蒂. 存在符号学 [M]. 张杰，赵毅衡，主编. 魏全凤，颜小芳，译. 成都：四川教育出版社，2012.

[5] [美] 大卫·里夫. 火山情人：一个传奇 [M]. 姚君伟，译. 上海：上海译文出版社，2012.

[6] [美] 哈罗德·布鲁姆. 西方正典：伟大作家和不朽作品 [M]. 江宁康，译. 南京：译林出版社，2011.

[7] [美] 卡尔·罗利森，莉萨·帕多克. 铸就偶像：苏珊·桑塔格传 [M]. 姚君伟，译. 上海：上海译文出版社，2009.

[8] [美] 诺伯特·威利. 符号自我 [M]. 张杰，赵毅衡，主编. 文一茗，译. 成都：四川教育出版社，2010.

[9] [美] 乔纳森·科特. 我幻想着粉碎现有的一切：苏珊·桑塔格访谈录 [M]. 唐奇，译. 北京：中国人民大学出版社，2014.

[10] [美] 苏珊·桑塔格. 激进意志的样式 [M]. 何宁，周丽华，王磊，译. 上海：上海译文出版社，2007.

[11] [美] 苏珊·桑塔格. 同时：随笔与演讲 [M]. 黄灿然，译. 上海：上海译文出

版社，2009.
[12] [美] 苏珊·桑塔格. 在美国 [M]. 廖七一，李小均，译. 上海：上海译文出版社，2012.
[13] 张杰. 张杰文学选论 [M]. 上海：复旦大学出版社，2007.
[14] [英] 罗伯特·霍奇，冈瑟·克雷斯. 社会符号学 [M]. 张杰，赵毅衡，主编. 周劲松，张碧，译. 成都：四川教育出版社，2012.
[15] 冯钢. 艺术符号学 [M]. 上海：东华大学出版社，2013.

The Obvious Peak of "Middle Zone": A Wild Semiotic Study of Sontag's New Historical Song and Dance Novel *in America*

Zhang Yi[1], Liu Wenfei[2], Zhou Lingyun[3]
([1] Nanjing University of Science and Technology; [2] Chinese Academy of Social Sciences; [3] China calligraphy and Painting Association)

Abstract: American unofficial literary queen Susan Sontag, being famous for her searching for avant-garde artistic styles and criticizing on capitalistic kitsch cultures, is also a novelist good at seizing inspiration from inmost of historical views. Sontag's "historical creation" is an integral part of her canon literature world. Her "historical biography" *In America* exhibits three dissimilation: community symbol of bisexual communicational pastoral Utopia, self symbol of self-reflexive reform and reborn journey and emotional symbol of artistic emotions and emotional artistic innovation. By creating three symbolic dimensions and an art journey, Sontag attempts to heal the identity crisis of human beings and materialization of humanity, reconstruct the sensibility of modern people and the character of art and designate a way out of anxieties and dilemmas of American civilization, i. e., to highlight colliding and intermingling of multi cultures on the move as well as on the way, to highlight importance of sentimental and artistic mode of thinking and to highlight the motivation and source of forever unfinished developing life's new realm which comes from listening to artistic hearts and return to forces of feelings.

Keywords: *In America*; social symbol; self symbol; emotional symbol

作者简介

张艺，南京理工大学，博士。

刘文飞，中国社会科学院，教授。

周凌云，原泰州经济协作委员会主任，现任泰国曼谷吞武里大学国际中文学院副院长，张艺桑塔格田园歌诗研究四部曲发表独家执行人。

基金项目

江苏省社科应用精品工程外语类课题《国际符号学视野中苏珊·桑塔格后期长篇小说、戏剧及电影创作研究》（项目号：15jsyw-40）；南京理工大学自主科研项目《历史进程与文学嬗变：苏珊·桑塔格后期跨媒介写作的符号学研究与文学经典的重读及传播》（项目号：30915013110）；国家社科青年项目《苏珊·桑塔格疾病叙事治愈与拯救》（项目号：16CWW003）最终成果。

从语言符号的生成分析《喧哗与骚动》中康普森家族没落的必然性

于鲁娅

摘　要：《喧哗与骚动》讲述了发生在康普森家族中的一系列故事，福克纳通过不同人物不同口吻的叙述，向读者再现了这个没落的南方贵族内部的不稳定。本文拟采用语言符号的生成与德里达的解构主义，深入分析这个南方家族没落的原因。除前言和结论外，本文主要分为两部分：康普森家族男性人物的不可靠叙事和家族中女性人物与南方淑女形象的偏离。

关键词：不可靠叙事　南方淑女　能指　所指

1 前言

《喧哗与骚动》主要讲述的是密西西比杰弗逊市拥有显赫历史的康普森家族由兴盛转向没落过程中发生的一系列故事。在这部小说中，作者福克纳通过四个章节几个不同人物各自的记忆来刻画事件和形象，小儿子班吉，大儿子昆汀，二儿子杰森以及女黑人菲佣迪尔西各自对家族内部发生的一系列事件的回忆与阐述。由于四人性格各异，社会地位也不尽相同，所以在他们对康普森家族的一些描述上带有很大程度的主观色彩，因此表现出一种意义的不确定性。由于迪尔西的部分相对来说是最客观的，从她的描述中我们得到的主观性信息比较少，所以在这篇文章对康普森家族内部存在的问题不予分析。《喧哗与骚动》这部小说的题目取自著名剧作家莎士比亚的经典戏剧《麦克白》中男主人公麦克白的个人独白："生活是一个白痴讲的故事，充满了喧哗与骚动，却毫无意义"（Shakespeare，1935：697）。本文主要以语言符号的生成，即能指和所指之间的关系加上德里达解构主义的理论支持，试图在对此小说进行详细阅读之后，深入分析康普森家族的衰落的原因。从语言符号的生成方面来看，康普森家族没落的原因主要是因为其内部的不稳定因素导致的，即在语言符号中能指没有与所指一一对应，或者说在寻找所指的时候，出现了多个所指的情况，造成结构体系的不稳定甚至是瓦解。以此为依据，对文本进行重新分析之后，主要从两个方面考虑这个有着昔日辉煌的贵族家庭没落的原因：叙事的不可靠性和与传统严重相悖的南方淑女形象，从而努力为理解这个贵族家庭的没落原因提供一个全新的视角。

作为福克纳的代表作，《喧哗与骚动》自其出版以来就受到评论界的广泛关注。由于福克纳是现代主义者，批评家们主要研究他对现代叙事的突出性贡献，第一人称现代叙事（如每一章节的叙述者都以第一人称进行叙事的手法），意识流（如每个叙事者进行回忆的时候天马行空般的、看似前后毫无关系的联想，尤其体现在第二章对大儿子昆汀的描写中），多重叙事（如四个章节的四位叙事者在叙述上出现的偏差以及给读者们阅读时带来的困扰和不便），以及哲学时间观（如第二章昆汀多次对手中手表、影子等的让人看不懂的描写）。简·伊丽莎白·巴恩威尔（2002）强调了福克纳的重复叙事模式在揭示压迫的邪恶力量和反映人们的反叛精神方面的重要意义；对格雷·丹尼尔·拉米雷斯（2002）来说，他从宗教的角度寻找小说中的人物和圣经中的人物之间的联系；安·阿鲁堡（2005）分析了福克纳在作品中体现出来的地域概念，等等。另外，这部小说也引起了学者们除写作手法之外的其他方面的密切关注，如小说的人物塑造、主题等。与国外学者研究方向不同，国内评论家对《喧哗与骚动》这部小说的研究主要集中在人物、情节、主题等方面。例如，武月明（2006）从女性主义的角度来寻找女主人公凯蒂悲剧的原因，认为凯蒂的悲剧命运是父权制的结果；肖明翰（2003）论述了基督教文化特别是清教主义对福克纳创作的影响。可以看出，无论国内还是国外，学者们对这部小说的解读都主要是从女性主义视角、心理学视角或其叙事手法等方面进行的，而从结构和主题上对悲剧产生的原因进行研究则较为少见。因此，本文拟通过对小说进行细读，分析语言符号中能指与所指的不一致性进而证明小说中的不稳定因素，从而解释这个没落的南方贵族最终衰败的原因。

瑞士语言学家索绪尔指出，语言由一系列符号组成，存在于一个具体、自足的系统中，起支配作用的是符号间的相互关系。语言符号结合起来的，不是事物和名称，而是概念（concept）和声音形象（sound image）——后者不是实际的声音，不是我们平时在物理学上所听到的声音，而是声音的心理印记，即声音在我们的感觉上留下的印象。以我们平时生活中自己说话为例，可以感觉到的声音印记就很明显了。比如，我们可以不用张嘴动舌就可以在心里自言自语或者默背一篇散文、默念一首诗。这些声音印记都是我们在心里独自默默完成的，不需要任何外界因素的参与。这样，语言符号就成了一个心理存在物，它包含两个方面，即概念和声音形象。两个要素密切结合，彼此呼应。索绪尔分别用能指和所指代替概念和声音形象，而符号就是能指和所指相结合构成的整体。他指出，能指和所指两者之间的联系是“约定俗成的”，对“约定俗成”这个词的解释，索绪尔指出，就是能指的选择完全取决于说话人；说它是约定俗成的，就是指它与所指没有任何自然的联系。在一个结构体系中，一个能指都可以找到它固定的所指，并在寻找所指的道路上逐渐确立意义。回归本文所研究的文本《喧哗与骚动》中，从能指与所指间的关系来看，康普森家族的没落在这里可以归根于其本身意义的不确定，也就是能指在寻求所指的路上前后不一致，即一个能指对应多个所指；而不是一开始索绪尔所提倡的一个能指对应一个所指，也就是德里达反对结构主义者提出的解构主义（deconstruction）。解构主义是德里达提出的西方后现代哲学思想的重要组成部分。德里达的理论是建立在对索绪尔语言学的批判之上的，他抓住索绪尔语言学的“差异”说，用解构主义哲学加以重新诠释，认为不仅语言符号与客观事物之间存在差异，而且语言符号本身的能指和所指也并不是索绪尔所说的相互对应关系。索绪尔认为，语言的能指与所指的统一，使我们能够传达某些在我们说话或书写之前就已经存在的意义。但德里达指出，一个能指所涵盖的（即所指）其实是无数与它有差异的其他能指。这些差异组成一个意义的“痕迹”（traces），积淀在这个能指当中，使它具有无数潜在的意义，造成意义的不断变化。语言和符号是推迟所指存在的一种手段，而不是用所指来识别能指。换句话说，一个符号包含在它自身的其他符号的痕迹上（所指的传播），它的明确的意义来自这些痕迹的不断自由发挥，因此不可能被确定下来。随着二元对立的消解，结构主义的深层结构或潜在的普遍意义也就消失了。总而言之，德里达强调，任何由语言符号构成的文本，都不是一个具有明确定义和边界的稳定结构。

2 人物的不可靠叙事

对于小说《喧哗与骚动》中的人物，作者福克纳曾经说过：“Caddy is my loving.”作为意识流大师，福克纳运用多重视角叙事对他最钟爱的人物凯蒂进行了描写。通过此种叙事手法，表现了同一故事中人物对同一人或同一情境的不同反应。这篇文章对于《喧哗与骚动》的分析主要就叙事手法与能指与所指关系的结合进行梳理，一方面是关于凯蒂叙述的前后不一致性；另一方面是文中女性关于南方淑女这一传统观念的各自阐释。尽管福克纳说了自己最喜欢的人是凯蒂，但是对自己最喜欢的人，福克纳却没有给凯蒂一个单独的章节。她没有自己的话语权，只能活在别人的回忆中，在三个兄弟的主观描述的影子下过活，自然她也就没有能力为自己辩解。相反，为什么要从她带有强烈主观色彩的三个兄弟的视角来对凯蒂进行刻画呢？按理说，凯蒂应是这部小说的焦点，但福克纳为什么要用这样的叙事策略来描绘人物呢？从语言符号中能指和所指的关系来看，我们说一个稳定的结构中能指对应一个固定的所指。举个例子，比如在莎士比亚著名戏剧《李尔王》中，在分国土之前，李尔王一人掌权，所有臣民以及国家的法律规则等都指向李尔王一人，有固定的所指，意义稳定，结构稳定，因此国家稳定，人民幸福；但是后来李尔王一意孤行放逐小女儿考迪利亚，把国土分给了大女儿高纳里尔和二女儿里根。一个国家出现了两个所指，能指在寻找所指的时候意义变得不确定，结构失衡，导致国土上有人效忠大女儿，有人效忠二女儿；大女儿制定一套规则，二女儿制定一套法律，国家分崩离析，到处都是暴力和血腥，民不聊生，就连李尔也被赶出家门，最后疯癫。这恰能证明意义最终的确立只能是能指对应一个所指。而在《喧哗与骚动》中的康普生家族中，如果说与凯蒂的关系是一个能指，那家族中的几个叙事者就是这个语言符号的所指。我们可以看到，每个人对凯蒂的说法不一，与她的关系也不一，这不是一个家庭中该有的兄妹关系；相反，他们之间，或依赖，或爱慕，或憎恨。在康普森家族这个结构中，一个能指对应多个所指，这个结构怎么会稳定呢？

2.1 班吉的不可靠叙事

第一个叙述者班吉是一个痴儿，他既不会说话也不会感知悲伤，唯一能做的就是嚎叫。在他的记忆中，凯蒂闻起来像树一样。对班吉来说，凯蒂给了他保护和一种安全感。身为没落的南方贵夫人的代表，康普森太太认为痴儿班吉是家族的耻辱。所以她拒绝承担作为母亲去照顾、爱护班吉的责任。姐姐凯蒂则表现得更像是一个慈爱的母亲。在日常对话中，她总是用重复的话语来让班吉明白："你不是个可怜的孩子。是吧。是吧。"她试图耐心地教班吉更多的知识，在寒冷的冰面上，她打破了水的顶部，拿了一块贴着我的脸，"冰，这就意味着它有多冷。"在整篇文章中，康普森夫人从来没有耐心去照顾这个白痴男孩，而凯蒂在班吉的回忆中，则更多表现得像是他的母亲。

2.2 昆汀的不可靠叙事

第二个叙述者昆汀是一个渴望死亡的人。作为一个有着显赫历史的贵族世家的长子，他崇尚之前的传统，而且尤其关心南方妇女的贞操。比如，他认为女孩子在别人面前脱衣服是不体面的。"我打赌你不会……我打赌你最好不要……不要这样做。你要是敢把裙子脱了……昆汀打了她。"当他的妹妹凯蒂和道尔顿·艾姆斯谈恋爱时，他试图向他们的父亲承认他和凯蒂乱伦，这样他就可以带着凯蒂逃走，并永远把她留在自己身边。这种自私的想法也体现了他对凯蒂的爱，这种爱已经不是正常的兄妹关系了；他不能容忍凯蒂和其他男孩的亲密行为，甚至因凯蒂和男孩接吻扇凯蒂耳光；更重要的是，当昆汀与凯蒂表现亲密时，他总会闻到金银花的味道。在本章节中，金银花的气味显示了昆汀对凯蒂不正常的渴望。因此，对昆汀来说，凯蒂更像是他的情人。

2.3 杰森的不可靠叙事

第三位讲述者杰森是个唯钱是图的人，他只关心自己的利益。作为一个利己主义者，杰森从不掩饰对姐姐凯蒂的蔑视和仇恨。他对凯蒂既贪婪又残忍，小说中在凯蒂未婚先孕生下小昆汀之后，母亲康普森太太认为她做了使娘家蒙羞的事情，禁止凯蒂进入自己的家，并与她断绝了母女关系。所以当凯蒂的父亲去世时，没有人告诉她。后来她带着花去参加父亲的葬礼，身为弟弟，杰森没有作为亲人的悲伤，而是专注于花的价钱。"这花得有50美元。"(Faulkner，1959：232）后来凯蒂打算给杰森50美元好来看看自己的女儿，杰森又一次把注意力放在钱上，"你没有50美元"，"我不相信你有50美元"(Faulkner，1959：233)。从凯蒂那里得到钱后，他驾着马车把小昆汀举到窗前让凯蒂看了一秒钟就离开了。在杰森看来，他因为凯蒂的失贞而失去了本应属于他的体面工作、荣耀、面子、所有的一切，本来的血缘关系也不复存在，反之，对凯蒂，杰森表现得像是看了仇人一般憎恨。第三章的开头"婊子就是婊子"(Faulkner，1959：

206）就已经奠定了全章节的基调。杰森一直在诅咒他的姐姐和侄子：“那个让我失去一份工作的婊子，是我唯一有机会找到线索的人，这个婊子杀了我的父亲，每天都在缩短我母亲的生命，使我的名字成为镇上的笑柄”（Faulkner，1959：351）。因此，杰森与凯蒂的关系，也早已不是兄妹，而是见了面分外眼红的敌人。

在一个家庭里，每个人都有自己的角色。每个家庭成员都各司其职，扮演自己的角色，发挥自己的作用，这样一个家庭才会完整；否则，这个家就会破碎。在康普生家族中，从所有叙述者的叙述中可以明显看出兄妹之间的关系并不正常。凯蒂的形象是多种多样的，她或是一个母亲，或是一个爱人，或是一个贱人；还有几个兄弟对凯蒂形象的再现的不一致性。这揭示了一个事实：通过语言以恢复所指的在场的一种尝试的徒劳，这正是德里达提出的解构主义。总之，福克纳通过采用不可靠的叙述者来刻画凯蒂的形象，试图追溯康普森家族不可避免的悲剧的原因：一个内部不协调的家族注定要走向衰落。

3 南方淑女形象的“不可靠”

除了康普森兄弟对凯蒂的不可靠叙事之外，福克纳还塑造了另一个不可靠的形象：南方淑女。那时候，只要是出生在贵族家庭的人都被告知女孩应该表现得像一个体面的南方淑女。昆汀作为长子一直严格遵循这种传统惯例。然而，康普森家族中的两个女性角色却统统违背了南方贵族女性的准则，也体现了这个南方家族传统的虚无。

3.1 南方淑女的内部瓦解者——康普森太太

康普森太太是典型的南方淑女。为了逃避家族衰落的现实，她极力维护自己往昔的贵妇人形象。但从本质上说，她的所作所为已经严重背离了南方淑女的传统行为准则了。她在乎外在表现出来的一切，她在乎女儿凯蒂的好身材、好行为、好举止以及她在性方面的纯真。与传统的南方淑女不同，她们照顾包括黑人在内的整个家庭里的所有成员，比如美国作家玛格丽特·米切尔作品《飘》中的典型艾什利的妻子梅兰妮。但是康普森夫人是一个缺乏爱心的女人，身为母亲，她偏爱杰森，对小儿子班吉漠不关心，几乎不履行母亲义务；在女儿凯蒂失足之后，甚至将她赶出家门。身为家里的女主人，她对佣人迪尔西说话苛刻且毫不关心，与她口头对传统南方淑女行为的大力推崇不一，她的所作所为都不符合传统的南方淑女标准。这种人物内心的瓦解可以说是康普生家族垮台的内因之一。一个人言行不一，就是不完整的，最起码她在为自己的行为寻找所指的时候，所指是不确定的。按照语言符号由能指和所指组成来看，我们就可以说这个人就是不完整的。那么一个家庭里有一个能指和所指意义不确定的人的存在，这个家庭又怎么可能是完整的呢？

3.2 南方淑女的直接反抗者——凯蒂

这部小说中的另一个女性形象就是凯蒂。如果说康普森夫人是从内部瓦解南方淑女形象，那么凯蒂则是南方淑女形象的外部直接反抗者。她有自己的主见，不想被传统的女性观念所束缚，甚至于她所做的一切都与南方的传统观念相抵触。她不顾清教徒的教条规则和兄长昆汀的威胁，在水边玩耍时把湿衣服脱下来扔到岸上；她也有勇气在大姆娣死的那天爬到树上往房子里看。在班吉的回忆中，“我们看到了她底裤上的泥巴”(Faulkner，1959：44)。在这里，福克纳也是用有泥巴的底裤的形象暗示着凯蒂在结婚前就失去了贞节，这都是传统所不允许的。在南方女性的形象建构中，康普森夫人和凯蒂都表现出与社会公认准则的不一致。在这个语言符号中，南方淑女是一个能指的话，其所指应该是关爱周围的一切，无论他（她）是否黑人，是否痴儿，无论她是否保持纯洁。但体现在康普森太太和凯蒂身上之后，能指所寻求到的所指或变成了表里不一、对儿女漠不关心、对黑人女佣苛刻的母亲，或变成了不断挑战传统甚至于婚前失节的女儿。当然，凯蒂和康普森太太在当时的社会背景下绝不会是个例，即使长期受到清教主义的影响，当时社会中的人们也早已经表现出内部的相互矛盾或者不确定性，社会信仰的不稳定也是康普森家族信仰衰落的一个直接诱因。

4 结论

综上所述，从语言符号的生成以及解构主义的角度来看，康普森家族衰败的原因在于其内部的不一致性。一方面，从所指的延异存在的角度来看，班吉、昆汀和杰森这三兄弟对姐姐/妹妹凯蒂的叙述都各不相同，以至于读者在阅读过程中为了对文本的理解不得不重新安排章节来搞清凯蒂到底是什么样的人，他们的不连贯叙述也揭示了家庭内部的不连贯性。另一方面，由于他们的宗教信仰没有意义，康普森家族的行为也不能符合南方的习俗。这两个原因使康普森家族走向解体。

参考文献

[1] Alumbaugh, Heather Anne. *American Regionalist Modernism: Willa Cather, William Faulkner, Oscar Zeta Acosta, and Sandra Cisneros* [M]. New York: New York University, 2005.

[2] Barnwell, Jane Elizabeth. *Narrative Patterns of Racism Resistance in the Work of William Faulkner* [G]. Louisiana: Louisiana State University and Agriculture and Mechanical College, 2002.

[3] Bressler, Charles E. *Literary Criticism: An Introduction to Theory and Practice* [M]. Connecticut: Indian Wesleyan University, 2011.

[4] Derrida, Jacques. *Writing and Difference* [M]. Translated with an Introduction and additional notes by Alan Brass. Chicago: University of Chicago Press, 1978.

[5] Faulkner, William. *Faulkner in the University: Class Conferences at the University of Virginia 1957 - 1958* [M]. Ed. Frederick L. Gwynn and Joseph L. Blotner. Charlottesville: University Press of Virginia, 1959.

[6] Ramirez, Gregory Daniel. *Martyrs Signifying Nothing: Christianity and the Modern World in Faulkner's The Sound and the Fury* [G]. California: College of Arts and Humanities California State University, Fresno, 2002.

[7] Shakespeare, William. *Macbeth* [M]. Ed. Tucker Brroke, John William Cunliffe, and Henry Noble MacCracken. New York: Apple-Century-Crofts, 1935.

[8] 马新国. 历史和西方文学理论 [M]. 北京: 北京大学出版社, 2002.

[9] 武月明. 天使/魔鬼——解读《喧哗与骚动》中的凯蒂 [J]. 当代外国文学, 2006, (2): 62 - 68.

[10] 肖明翰. 福克纳与基督教文化 [J]. 英语广场, 2003, 13 (3): 77 - 80.

The Inevitability of the Decline of the Compson Family in *The Sound and the Fury* from the Generation of Linguistic Symbols

Yu Luya

(Tianjin Foreign Studies University)

Abstract: *The Sound and the Fury* is a series of stories about the Compson family, and Faulkner reveals the inner instability of the declining Southern aristocracy through the varied narratives of different characters. This paper intends to use the generation of language symbols and Derrida's deconstruction to analyze the causes of the decline of this southern family. This article is mainly divided into two parts: the unreliable narration of the male characters in Compson family and the deviation of the female characters from the image of southern ladies.

Keywords: unreliable narrative; Southern Lady; signifier; signified

作者简介

于鲁娅, 女, 天津外国语大学, 硕士研究生。主要研究方向: 英美文学。

从语言符号意义层级观看《红楼梦》中歇后语的西译

刘静雯

摘　要：《红楼梦》在中国文学史上占据着举足轻重的地位，其情节精彩，思想深邃，语言生动，可谓古典小说的巅峰之作。《红楼梦》不仅是一部宝玉、黛玉的爱情悲剧，更是一部“中国封建社会的百科全书”。但由于《红楼梦》半文言半白话的语言特点，书中又富含诗词、成语、歇后语等，在对外传播的过程中，翻译《红楼梦》给译者工作造成不小的困难，译者难以定夺翻译策略上应选择归化还是异化的原则。有时错误的选择，不仅不能让读者鉴赏到作品的语言之美，还可能让读者对译作中的某些词句摸不着头脑，产生误解。本文将从语言符号出发，运用语言符号意义层级观，聚焦于《红楼梦》中的歇后语，试图为译者提供新的翻译视角。

关键词：语言符号学　红楼梦　歇后语

1 前言

关于歇后语最早的记载出现在唐代《旧唐书》中的《郑綮列传》：“綮善为诗，多侮剧刺时，故落格调，时号郑五歇后体。”那时所谓的歇后语实际上是一种讽刺时事的短句，体裁与诗类似，但不具诗之雅。后来所谓的“歇后语”逐渐演变为诗的省略、成语的省略，但此“歇后语”仍不是我们今天所见所闻的歇后语。虽然今天我们所说的歇后语在先秦时期就已经存在，但并未从熟语中划分出来，直到1942年白启明发表《采辑歌谣所宜兼收的——歇后语》才为现在的歇后语定名。此后，歇后语是指汉语中一种具有“比喻—说明”结构的特殊语言形式，即前一部分是比喻，而后一部分是对前一部分的解释说明。在使用时，往往只用说出比喻的一部分（歇面），“歇”去后半截（歇底），听话者即可猜出它的本意。

《红楼梦》作为中国古典四大名著之一，具有极高的文学价值。书中运用了丰富的歇后语诙谐幽默地刻画人物，耐人寻味，给人以启迪。今天词典中出现的歇后语，日常生活中经常使用的歇后语很多都出自《红楼梦》。但《红楼梦》走出国门，让外国人感受到作品中歇后语的趣味性和艺术性却非易事。受文化背景和思维方式差异的限制，不佳的歇后语翻译非但不能让外国读者领略其妙处，甚至让外国读者费解，失去阅读的兴趣。在对外传播的过程中，如何让《红楼梦》中的歇后语既保持原汁原味又能让外国读者接受，让每一个人物个性鲜明、活灵活现地展现在读者面前？本文试图从语言符号意义层级观对北京大学西班牙语教授赵振江与西班牙诗人何塞·安东尼沃·加西亚·桑切斯（José Antonio García Sánchez）合译的 *Sueño en el Pabellón Rojo*（《红楼梦》）书中歇后语的西译进行分析。

2 语言符号意义的层级观对歇后语翻译的启示

20 世纪初，瑞士语言学家索绪尔（Saussure，de F.）与美国学者皮尔斯（C. S. Peirce）分别提出各自符号系统，从此，符号学作为一门学科真正建立起来。索绪尔提出了二项说，将符号定义为“能指 + 所指”。前者指音响形象，是能听到或看到的；后者则指概念，是抽象的，存在于人们的思维中。符号将二者结合起来，产生词义。皮尔斯则认为媒介关联物、对象关联物、解释关联物三要素构成符号并决定符号的意义。此后，美国语言学者查尔斯·莫里斯（Charles William Morris）又提出符号的形式意义、存在意义和应用意义。随着符号学的发展，新的符号学理论不断涌现，如奥格登和理查兹的“符号学三角论”、黑哥尔的“语义梯形说”、麦尔尼科夫的“语义四角说”，都详细论述了概念、所指物、概念和意义之间的关系。

中国著名学者王铭玉教授将符号学的理论观点用于研究语言学，建立了语言符号学，并在其著作《语言符号学》中对语言符号的意义进行了更为清晰、全面、深入地阐述。书中提出要在综合各类符号学理论的基础上，完善其不足，构建一种语言符号的层级观，他指出：“语言符号是由能指、所指构成的，具有层级性特征的符号系统。”

Ⅲ. 表层	Ⅱ. 浅层	Ⅰ. 深层
言语符号	语言符号	物质符号

<table>
<tr><td rowspan="3">语音体</td><td rowspan="2">语音词</td><td>语音外壳</td></tr>
<tr><td>映像事物</td></tr>
<tr><td>类别事物</td><td></td></tr>
<tr><td>实际事物</td><td></td><td></td></tr>
</table>

实指	类指	映指
情景意义	认知意义	感知意义
具体称谓	抽象称谓	联想称谓

“语言符号意义层级观”构图

如上表所示，王铭玉教授认为语言符号系统分为深层、浅层和表层，分别对应物质符号、语言符号、言语符号。三种符号都由能指加所指构成，互为层层递进的关系。物质符号在最深层，是符号最基础的部分，它将语音外壳与映像事物相联结，让人们借助语音外壳这一物质能联想到客观世界的某一事物。但这种联想具有不确定性，因为感知过程因人而异，物质符号仅能在人们脑海中形成模糊的事物映射。物质符号作为能指进入浅层，与新的所指相加，形成语言符号，即最初始的能指加所指形成的物质符号构成新一级的语音词与类别事物相联结，产生“定型”的符号。因为语音词与类别事物之间的联系是固定的，人们只能通过词典或教科书对符号进行认知才能获晓其意义。但类别词不是具体事物，而是概括性的、抽象的，因此在浅层语音词所指称的对象是虚拟的。只有语言符号进入表层与实际事物结合形成言语符号，才能让人们联想到具体的事物，即语言符号只有运用于具体的场合，才能指称现实中特定的事物。这时言语符号产生的意义包含说话者的思想感情，带有附加意义和伴随意义。

每一条歇后语都具有三层意义，每层意义不同又相互联系，层层递进。比如，“黄鼠狼给鸡拜年——不安好心”。读者看到这句话浮现在眼前的是黄鼠狼给鸡拜年的画面。至于是几只黄鼠狼，几只鸡，什么样的黄鼠狼，什么品种的鸡，在听话者的脑海中各不相同。由于黄鼠狼是会吃鸡的，黄鼠狼给鸡拜年的真实目的绝非拜年，所以浅层意义是人们约定俗成的、有目的的做反常的事情，假装好意，实则包藏祸心，正如歇后语的后半截指出：不安好心。当这句歇后语用于对话中，成为言语符号时，这种有目的的不安好心的主体就有了具体所指。比如说“这还没过年呢，黄鼠狼就来拜年了”，表层意思就是“某人的来访是不怀好意，居心叵测”。

语言符号意义的三个层次为翻译提供了新的思路。比如，当翻译“他真是黄鼠狼给鸡拜年啊”时，译者需要考虑该句话的三层意义，最佳的翻译是要兼顾三个层级的意义。如果直译深层含义可以让外国读者在本国的文化环境下推出第二层和第三层意思便可直译，但如果推不出则需要舍弃深层含义直译浅层含义或通过加注的方式说明浅层含义。如果这样仍然无法让读者推导出表层含义，译者则需继续翻译表层含义，或对浅层含义进行必要的补偿。比如，该处歇后语需要在直译深层意思（Él es como la comadreja felicita el Año Nuevo al pollo）的基础上，向目标读者说明黄鼠狼和鸡的关系。因为黄鼠狼给鸡拜年来自传说典故，黄鼠狼可能在外国读者的印象中只是灭鼠能手，因此需要加注释“la comadreja come el pollo（黄鼠狼吃鸡）”。外国读者就会明白此拜年非真拜年，从而得知其浅、表层意义。

综上，译者在翻译歇后语时应尽量保证三层意义都能被读者感知。深层是基础，它体现着歇后语的中国语言特色和形象性；浅层、表层含义是外衣，让符号意义更明确、更充实。如果深层含义让外国读者难以接受，译者则只能通过狠心舍弃深层意义，或是对歇后语深层意义所影射的表层含义加以解释，保证其逻辑性和通畅性，让外国读者易于接受。

3《红楼梦》西译本中歇后语翻译分析

在《符号学翻译研究》一书中蒋骁华将歇后语分为三类：常规型、语言型、文化型。常规型歇后语指没有文化和语言特征的歇后语，即无论什么文化背景的人，只要通过人类的共识，便能理解其意义。根据笔者的理解，常规型歇后语往往用生活中自然现象或常见事物打比方，应包括喻事类歇后语和喻物类歇后语。语言型歇后语是具有语言特色的双关歇后语，包括喻义双关的歇后语和谐音双关的歇后语。文化型歇后语则涉及文化习俗，包括历史文学典故，只有对歇后语中的习俗、故事有所了解、才能明其真意。本节将针对不同类型的歇后语探究其相应的翻译策略。

3.1 常规型

3.1.1 喻事类歇后语

喻事类歇后语是指用事情打比方，用一件事暗喻另一件事，如果听者能发现事情的特点，便能推出歇后语所暗示的结果。

例 1（鸳鸯）“**牛不吃水强按头**？我不愿意，难道杀我的老子娘不成？”（第四十六回）

译文：«No puedes obligar a un buey a doblar el cuello para abrevar. Si me niego, ¿matará a mis padres?»

该句歇后语的深层意思就是强按牛头让其喝水，浅层意义为强迫一个人去做不愿做的事情。当牛在受到外来压力时反而不肯进食饮水是自然规律。这里鸳鸯想表达的就是歇后语的表层意义——勉强不得，即想要逼迫她嫁给贾赦是不可能的，她绝不屈服。此处，译者综合了深层和浅层意义：No puedes obligar a un buey a doblar el cuello para abrevar（你不能通过扭牛的脖子来强迫牛喝水），既保留了深层、浅层意义，又很好地融入语境，让读者知道该处的“牛”就是鸳鸯指自己，从而明白“鸳鸯强烈抗拒”的表层意义。

例 2（平儿）他撒个娇儿，太太也得让他一二分，二奶奶也不敢怎样。你们就这么大胆子小看他，可是**鸡蛋往石头上碰**。（第五十五回）

译文：Si arma un escándalo, hasta la dama Wang tendrá que aplacarla y tampoco habrá nada que la segunda señora pueda hacer. ¿Con qué cara pueden agraviarla en lo más mínimo? **Son ustedes como un huevo estrellándose contra una roca.**

“鸡蛋往石头上碰”的字面意思是“鸡蛋碰石头”：un huevo choca contra una roca. 通过常识知道，鸡蛋比石头易碎，结果只会是鸡蛋被打破，因此浅层意义是弱者攻击强者：atacar uno a una persona mucho más fuerte que él（攻击比自己强大的人），《红楼梦》中探春是庶出，众媳妇都不将她放在眼里。这句歇后语是平儿看到这种情景后偷偷警告众媳妇的话。这里表层意义就是歇底：自不量力。平儿想说，大家不要自不量力，自讨苦吃，应该对探春更为尊重。这里读者同样通过深层意义，便可结合上下文猜到歇后语浅层和表层意义，因此此处可以用明喻的方式直接翻译深层意义——诸位现在就像是鸡蛋碰石头。

3.1.2 喻物类歇后语

喻物类歇后语是指用人、动物或物件打比方。如果听者能了解该物的性质，便能推出歇后语的结论。

例3（贾芸）俗语说的，**"摇车里的爷爷，拄拐的孙孙"**。虽然岁数大，山高高不过太阳。（第二十四回）

译文：Como dice el proverbio, **«un abuelo en la cuna puede tener un nieto apoyado en un bastón»**. Puede que sea mayor que usted, pero la montaña más alta no alcanza a ocultar el sol.

这句是贾芸为了奉承贾宝玉所说的话。深层意义就是爷爷在摇篮里，孙子却拄着拐杖。浅层意思是年纪小的也有被叫爷爷的，年纪大的也有当孙子的，辈分在那里。表层意义是，贾芸想说自己虽然年龄比宝玉大，但辈分还是比他低，地位比他低，因此甚至愿意做宝玉的儿子。此处直译深层意义即可，因为深层矛盾的修辞手法更能激起读者思考的兴趣，为什么摇篮里的婴儿反而要称呼爷爷呢？通过分析贾芸和宝玉的身份便会恍然大悟，会心一笑——原来是辈分和阶级的原因。

例4（刘姥姥）二十年前，他们看承你们还好，如今自然是你们**拉硬屎**，不肯去亲近他，故疏远起来。（第六回）

译文：Hace de eso veinte años, los trataron bien. Claro que después, **por puro amor propio**, no os habéis acercado a ellos y cada vez os habéis ido alejando más.

这句歇后语的歇底并不唯一，同一个歇面可以对应多个歇底。有说法为"瘦驴拉硬屎——瞎逞能"，也有说法是"瘦驴拉硬屎——臭倔"。这里刘姥姥用的是第二种说法，以物喻人，用"硬屎"来喻自己的儿子狗儿，深层意义粗俗不堪，浅层意义是又臭又倔，表层意义是狗儿死要面子，不肯放下身段去和王家攀附关系。这里译者选择译出表层意义：por puro amor propio（出于自尊心），笔者认为并不妥当，因为刘姥姥是大字不识的粗俗农妇，这句话又是对自家儿子狗儿所说，必定是庸俗低下的，如果译为por puro amor propio（出于自尊心），不符合刘姥姥的身份。此外，仅仅翻译表层含义也略显平淡，过分直接，不能体现出刘姥姥强烈埋怨狗儿的情绪。因此笔者认为，此处应将深层和浅层意思译为：vosotros fuisteis como una mierda, malolientes y tercos（你们就和屎一样，又臭又硬）。读者一定可以看出这是一句脏话，并结合前后文可以知道是指一个人没地位，没本事，自尊心却强。这样一来，刘姥姥的形象跃然纸上，她的谈吐，她对儿子不成气候的责备都能让西语读者感受到。

1.2 语言型歇后语

语言型歇后语多指运用双关的修辞手段，表达多重含义，分为喻义双关和谐音双关。因此双关类的歇后语可分为喻义双关的歇后语和谐音双关的歇后语。

3.2.1 喻义双关的歇后语

喻义双关的歇后语是指歇后语比喻或说明部分利用词语的多义表达双重含义。

例 5（描写林黛玉）黛玉“**油儿酱儿糖儿醋儿倒在一处**”。（第九十六回）

译文：Daiyu sintió que **el corazón empezaba a llenársele con una mezcla de aceite, soja, azúcar y vinagre, tan dulce, amarga, dolorosa y punzante que no pudo traducir a palabras sus sensaciones.**

这句歇后语是描写黛玉听闻宝玉将娶宝钗之后的心情，歇底是甜苦酸咸，深层含义是“mezcla de aceite, soja, azúcar y vinagre（将油酱糖醋混在一起）”，浅层意义是“甜苦酸咸混杂在一起”。“甜苦酸咸”在汉语中有多种意思，可以指味道的多样，可以指颜色的杂乱，也可以指心情的复杂。《水浒传》中有过类似的句子：鲁达拳打镇关西，只一拳，“却便似开了个油酱铺，咸的、酸的、辣的一发都滚出来”。此处形容挂彩严重。《红楼梦》中使用该歇后语来形容黛玉的心情，则是指心烦意乱（表层意义）。译者此处将三层意义都译出：黛玉感觉到心里满是油酱糖醋，是如此的甜、苦、痛，以至于无以言表。笔者认为该歇后语所指的甜苦是通感现象，并不是只在汉语文化中有多重含义。《水浒传》是用味觉来描写视觉，而此处用味觉来描写心情。笔者认为读者通过宝玉、黛玉、宝钗之间的人物三角关系可以判断出此处的味觉与情绪是相通的。此处直译即可道出黛玉心情的复杂。但在西语文化中“咸”不用于描绘情绪，“酸”也不用来表示心情，而是形容某种行为、态度或语言极其粗暴。因此，译者在译文中将这种感觉用“疼（dolorosa）”“痛（punzante）”这样更直观的词汇表达出来，保证了表层意义的准确传达。

例 6（凤姐）外头已经四更，依我说，老祖宗也乏了，咱们也该“**聋子放炮仗——散了**”罢。（第五十四回）

译文：Ya ha pasado la guardia anunciando la cuarta vigilia, creo que nuestra Anciana Dama estará cansada. **Ya es hora de que partamos, como el sordo del petardo**.

此句是在贾府夜宴庆元宵上王熙凤看时间不早了对众人说的“聋子放炮仗”的笑话。“散”字深层意思是聋子听不到鞭炮爆炸的声音，只能看到炮仗“炸散（estallar）”，浅层意义是指“离散（partir）”，表层意思则指“大家散会，收拾收拾各回各家”。此处如果只译“聋子放炮仗，炸散了”，没学过中文的西语读者恐怕不能理解“鞭炮散”的言外之意。“散”字在中文中有多重意义，可以指“分离”，也可以指“解散”。由于前文有王熙凤讲的聋子放炮仗笑话作为铺垫，因此译者选择将部分深层意义和表层意义结合译出：“Ya es hora de que partamos, como el sordo del petardo.”（我们该回去了，就像放炮仗的聋子。）但笔者认为此处有误译：我们不是像“放炮仗的聋子”一样分散，而是像“聋子放的炮仗”一样分散。由于上文有聋子放炮仗的故事作为背景，可以省略“聋子”的翻译以避免啰唆重复。外国读者可以通过上下文将炮仗之“散”与“我们该回去了”形成联系。因此可以译为：Ya es hora de que partamos como el petardo del sordo（我们该像炮仗一样各回各家了）。

3.2.2 谐音双关的歇后语

谐音双关的歇后语是运用同音现象表达双重含义，即在喻义双关的基础上增加一层同音成分的换用，像文字游戏一样。听者开始可能会一头雾水，不知说话者想要表达什么，但通过多默读几遍便会恍然大悟。

例 7（凤姐）我那里管得上这些事来！见识又浅，嘴又笨，心又直，**“人家给个棒槌，我就拿着认作针”**了。（第十六回）

译文：Soy demasiado ignorante，tosca y torpe；siempre **acabo tomando el rábano por las hojasy，** como soy bondadosa en extremo，cualquiera puede conseguir de mí lo que desee.

例 7 的深层意义是“把棒槌错认成针”（equivocarse en distinguir la aguja y el palo）。这里运用了“针”与“真”的谐音，“针”是名词，“真”是形容词，王熙凤巧玩文字游戏，意思是“别人随便说说，我就当‘真’（confiar en todo lo que le han dicho）”。这是王熙凤用来自嘲的话，她其实是想说自己没有心眼（ser inocente），是照应上文的“见识又浅，嘴又笨，心又直”。这里译者套用了西语中意义相近的俗语“tomar el rábano por las hojas”。这句西语俗语中也存在两个喻体：一个是萝卜，一个是叶子。深层意义是“（拔萝卜）错取了萝卜叶子”，浅层意思是“误解某事”或是“分不清主次”。笔者通过比较，认为这两句话浅层意义有相似之处，都有“认错”的含义，但表层意义差别还是很大。西语俗语仅表达了浅层意义，强调的是“理解错误”，仅能反映出“笨”，缺损了表层真正的信息内容——“轻易相信他人的言语”。因此，此处用“tomar el rábano por las hojas”套译歇后语并不能达到完美贴合的效果。笔者认为，此处可以直译深层意思并用表层意思做补充和解释：Debido a que siempre confío todo lo que me han dicho，siempre acabo tomando el palo como la aguja.（由于我总是相信别人跟我说的话，所以总把棍子认成针。）这里舍去西语文化中空缺的“棒槌”形象，用“棍子”替代。通过深、表层意义的传达，读者自然能理解王熙凤是想说自己心眼实，太天真。

例 8（鸳鸯）什么“好话”！**宋徽宗的鹰，赵子昂的马，都是好画儿**。什么“喜事”！（第四十六回）

译文：¿Qué significa «algo maravilloso»? **¡El águila que pintó Song Huizong y el caballo de Zhao Ziang sí que son «algo maravilloso»!**

注释：Era fama que el emperador Huizong de la dinastía Song pintaba muy bien las águilas，y Zhao Ziang（1254—1322）era un maestro en las pinturas de caballos. En el texto se trata de un juego de palabras, pues en chino «buenas palabras» (traducido aquí como «algo maravilloso») suena igual que «buenas pinturas».

宋徽宗指的是北宋皇帝赵佶，因善画鹰而名扬后世。赵子昂是元朝著名画家，善画马。因此歇后语的深层意义是“宋徽宗画的鹰，赵子昂画的马，毫无疑问都是好画”。而“画”谐音“话”，浅层意义是指“好心的话”（decir algo para que esté mejor alguien）。但该歇后语是鸳鸯嫂子劝鸳鸯嫁给贾赦做小老婆，鸳鸯十分气愤说的一句反语，真实的含义是讽刺嫂子从来不说好话，所谓的“好话”只是为了一己私利。这里译者巧用西语中的“algo”表示“画”，因为西语中“algo”的意思为“某事物，某东西”，既可以指“画”，也可以指“话”，达到了一语双关的效果。此外，考虑到“宋徽宗”“赵子昂”“画”谐音“话”都是读者的文化盲区，译者还在脚注中对歇后语的深、浅层意义做了详细解释，帮助读者理解“为什么宋徽宗画的鹰，赵子昂画的马都是好画”。

1.3 文化型歇后语

文化型歇后语一般是借文化习俗或历史人物、神话和典故打比方。只要了解该文化或曾经听过相关故事，听者便会明白歇后语的深意。

例 9（小红）俗语说的好，“**千里搭长棚，没有个不散的筵席**”，谁守谁一辈子呢？不过三年五载，各人干各人的去了。那时谁还管谁呢？（第二十六回）

译文：Como dice el proverbio, «**Hasta el festín más largo se acaba**». **Ninguna de nosotras permanecerá aquí toda la vida**. Dentro de unos cuantos años todas seguiremos nuestros propios caminos. Y cuando ese momento llegue, ¿quién se preocupará de su prójimo?

这句歇后语的深层意义是 aunque monten un tinglado de mil kilómetros, no habrá un festín que no termina.（即便搭建一个长达千里的长棚，没有不散的筵席）。虽然红玉将该歇后语的歇面和歇底同时道出，但该句的浅层意义并非仅指“筵席会散”。该句使用了夸张的手法，此处的“千”是虚指，意指筵席的盛大。“长棚”特指中国古代为人饯行而搭的棚子，在棚子里人们为将要离开的人设筵席。筵席结束，人们一道走出长棚即代表从此分散。“筵席会散”指人的离别，快乐的结束。因此该句歇后语的浅层意思是 Sea como sea, las mejores cosas terminará siempre.（再好的事情，也有终结的时候。）这句话的语境是：一个名叫佳蕙的小丫头关心小红，以为红玉的心事是没能像袭人、晴雯等丫鬟受到主子的器重，让红玉不要生气。于是红玉对佳蕙说了该句歇后语，想表达的是“我们两终会分散，各管各的就好，不用太担心我（no podemos estar juntas para siempre, no necesitas preocuparme）”。这句话的翻译如果采用深层意思，西语读者可能无法明白，因为他们很难将长棚与送别的文化相联系。如果直接翻译浅层意思，与红玉真正想表达的内容还是存在出入。如果直接翻译表层意思，又太直接，失去了歇后语原本的形象性和生动性。但此处，由于后文红玉有解释说明深层意义："谁守谁一辈子呢？不过三年五载，各人干各人的去了。那时谁还管谁呢？"因此该处不用将歇后语意译为表层意义，浅层意义与该歇后语的使用情境不符，也舍去。译作中，译者选择了巧妙的部分直译深层意义，即省译西语读者陌生的"长棚"，将长棚空间之"长"转译为筵席时间之"长"：el festín más largo 译为"即便是时间最久的筵席也会结束"。通过这种转换方式使深层意义与后文的表层意义产生关联：Ninguna de nosotras permanecerá aquí toda la vida（我们俩都不可能永远待在这），让读者毫不费力地从歇后语的深层意义联想到歇后语的表层意义。

例 10（宝钗）咱们也算同病相怜。你也是个明白人，何必作"**司马牛之叹**"？你才说的也是，多一事不如省一事。(第四十五回)

译文：Quienes comparten sufrimientos iguales pueden consolarse mutuamente. ¿Por qué una muchacha inteligente como tú habría de **lamentar la falta de un hermano**? Tienes razón cuando dices que es mejor no causar demasiados problemas.

"司马"是复姓，歇后语的表层意义是一位叫"司马牛"的人叹气（un hombre llamado Zi Niu suspiró)。这条歇后语源自《论语·颜渊》，司马牛是孔子的学生，司马牛感叹"人皆有兄弟，我独亡"！因此，浅层含义是"无兄无弟"。这里宝钗用得恰到好处。因为黛玉正因自己生病联想到自己无依无靠，无人在意。而黛玉从小饱读诗书，一定知道司马牛故事的后半部分是子夏开导司马牛："四海之内，皆兄弟也。"这里宝钗引用司马牛之叹就是想引出后文"多一事不如省一事"，即让她不要多想，自己也和她一样，都不应惹事，做好自己。此处，译者舍去深层，表层意义，直接译出了浅层意义。"司马之叹"出自典故，如果直接翻译确实对外国读者来说难以接受，但笔者认为舍去深层意义表达过于苍白无力，译出典故才能凸显宝钗、黛玉的学识和情感态度，因此需在译出深层意义并在脚注中对司马牛的典故进行注释：no exhales el suspiro como Zi Niu.(你别像"司马牛"一样叹息。）翻译出深层意义能让读者看到歇后语的原貌，传播中国传统文化。像外国文化中"俄狄浦斯情结"的故事和意义慢慢被人熟知和接受一样，此处采用直译加注释的方法能让读者对中国的文化逐渐熟悉。

例 11（彩霞）**狗咬吕洞宾，不识好人心**。(第二十五回)

译文：**Es usted como el perro de Lü Dongbin, mordiendo la mano que lo alimenta.**

注释：Uno de los Ocho Inmortales Taoístas.

吕洞宾是中国道教传说中的八仙之一。该歇后语的深层意义是吕洞宾保住了狗的性命却反被狗咬了一口（El perro mordió a Lü Dongbin quien le salvó)。浅层意义是忘恩负义，错把好人当坏人（Tomar a una persona por mala)。这里涉及一个典故，这里的狗并不是真"狗"，传说吕洞宾还是凡人的时候资助一个名叫苟杳的贫寒同乡好友读书，当苟杳功成名就后，吕洞宾找他帮忙却被拒绝。其中的原因是苟杳对吕洞宾为了激励他结婚后也不要抛弃学业，要坚持心无旁骛地读书，让他的妻子在洞房之夜守了三天空房怀恨在心。“苟杳”与“狗咬”同音，因此人们就渐渐将“苟杳吕洞宾”传成了“狗咬吕洞宾”。《红楼梦》中彩霞用此句的表层意思是指责贾环不识好歹，错把别人的好意当恶意（no puede distinguir lo bien de lo mal）。此处译者选择套用西班牙谚语“Morder la mano que te da de comer”（咬喂食给你的人）。这句谚语虽然来源与歇后语不同，但深层、浅层意义基本与歇后语契合，通过红楼梦中的情节，读者也能对彩霞想说的表层意义心领神会。此外，由于“吕洞宾”这个名字对西语读者来说是陌生的，但他的故事又太多、太长，如果都在注释中说明太冗长，降低阅读的流畅性，反而会让读者失去继续阅读下去的兴趣，所以译者选择仅对吕洞宾在中国传说中的神仙身份做了介绍。

4 结语

我们通过对不同类型歇后语西译的分析，发现在歇后语的翻译中，无论是常规型、语言型，还是文化型，基本上都会保留深层意义。因为如果失去了最本质的部分，歇后语就失去了韵味。没有了核心部分，歇后语就不再是歇后语，不能让外国读者感知到语言的生动性、灵活性和形象性，无法辨识出这是中国特有的语言形式。只有在迫不得已的时候才会选择舍去深层意义。歇后语本身很灵活，有的“歇后”，有的全部呈现，有的镶嵌在篇章中，所以对浅、表层意义翻译的处理也可以很灵活。我们大部分时候可以采取在直译深层意义的基础上，用浅层和表层意义进行解释的策略。

语言符号意义的层级观在歇后语的翻译中具有很强的实操性，能够切实地指导翻译。如果两个语言系统中的符号的三层意义都能对等，可以直接翻译符号的深层意思；如果不能完全对等就必须对比两个语义系统中符号的三级意义并进行取舍，寻求最优解；如果没有最优选项，则可通过综合三层意义的方式创造出相对最优解，在目的语系统中找到三层意义都最为契合语句。通过这几个步骤，“顺藤”必有“瓜”，歇后语的翻译水到渠成。此外，语言符号意义的层级观还为翻译评价提供了一套清晰、明确的评判标准，如果译文能将原文的三层意义都传达到，即为合格的翻译。希望语言符号意义层级观能被更多的译者应用到中国特色语言的翻译中，提高翻译质量和效率，让中国文化得到进一步传播和发展。

参考文献

[1] 王铭玉. 语言符号学研究：主持人话语［J］. 外语学刊，2009：137.

[2] 王铭玉. 语言符号学［M］. 北京：北京大学出版社，2015：206.

[3] 曹雪芹. 红楼梦［M］. 北京：人民文学出版社，1982.

[4] [瑞士] 费尔迪南·德·索绪尔. 普通语言学教程 [M]. 高明凯, 译. 北京: 商务印书馆, 1980.

[5] 马国凡, 高歌东. 歇后语 [M]. 呼和浩特: 内蒙古人民出版社, 1997.

[6] 王铭玉. 语言符号学 [M]. 北京: 北京大学出版社, 2015.

[7] 王铭玉. 语言符号学研究: 主持人话语 [J]. 外语学刊, 2009: 137.

[8] 温端政. 歇后语 [M]. 北京: 商务印书馆, 1985.

[9] 温端政. 新华歇后语词典 [Z]. 北京: 商务印书馆, 2008.

[10] Cao Xueqin y Gao E (autores). *Sueño en el Pabellón Rojo* (Ⅰ) [M]. Zhao Zhenjiang & García Sánchez J. A (traductores). Granada: Universidad de Granada, 1988.
Cao Xueqin y Gao E (autores). *Sueño en el Pabellón Rojo* (Ⅱ) [M]. Zhao Zhenjiang & García Sánchez J. A (traductores). Granada: Universidad de Granada, 1988.
Cao Xueqin y Gao E (autores). *Sueño en el Pabellón Rojo* (Ⅲ) [M]. Zhao Zhenjiang & García Sánchez J. A (traductores). Granada: Universidad de Granada, 1988.

A study of Spanish translation of *Xiehouyu* in *A Dream of the Red Mansions* from hierarchical view of the significance of linguistic semiotics

Liu Jingwen

(Tianjin Foreign Studies University)

Abstract: *A Dream of the Red Mansions* occupies a pivotal position in the history of Chinese literature. With its brilliant plot, profound ideas and vivid language, it can be considered the pinnacle of classical novels. *A Dream of the Red Mansions* is not only a tragic love story of *Bao Yu* and *Dai Yu*, but also an "encyclopedia of Chinese feudal society". However, due to its writings in classical Chinese and large quantity of poetries, idioms and *Xiehouyu*, in the process of its transmission to the world, its translation has caused considerable difficulties for translators. For them, it's hard to decide whether to choose the principle of domestication or foreignization in their translation strategy. Sometimes a wrong choice will not only fail to let readers appreciate the beauty of the masterpiece's language, but may also leave them confused and misunderstand some of the words and phrases in the translation. This paper will focus on the *Xiehouyu* in *A Dream of the Red Mansions* from the perspective of linguistic semiotics, using the hierarchical view of the significance of linguistic semiotics, in an attempt to provide translators with a new perspective on translation.

Keywords: linguistic semiotics; *A Dream of the Red Mansions*; *Xiehouyu*

作者简介

刘静雯，女，天津外国语大学，硕士研究生。主要研究方向：翻译理论与实践。

译文选登

索绪尔主义的现时性①

纪念《普通语言学教程》发表四十周年[1]（1956）

阿尔吉达·朱利安·格雷马斯（著）　李　双（译）

在法国语言学界，说费尔迪南·德·索绪尔这个名字不为人知，可能是不准确的。但在传承于（至少在主要贡献方面）19 世纪历史语法思想的“法语语文学”界，人们对于索绪尔的理论的确是知之甚少。1935 年，有这样一位年轻的语言学家②，他在思想上与自己的老师们信念一致，仍倾向于对日内瓦和布拉格学派的研究嗤之以鼻，好像它们的玄奥难以隐藏纯理论的思索，认为它们与实证的语言事实不符，也与最基本的正确方向迥异。

然而，同样这位语言学家在 20 年后读到一位社会学家的忏悔抑或某位哲学家的肯定之辞：前者指责两次世界大战之间其老师“可能更忙于思索《论意识的直接材料》③，而无暇顾及索绪尔的《普通语言学教程》”[2]，后者则认为“索绪尔可能勾勒出了一门全新的哲学”[3]；得益于人类学而非语言学上的“重新发现”，当这位语言学家意识到必须重新审视自己对索绪尔主义的态度，至少得有部分的修正之时，他所面对的才正是索绪尔遗产在法国应有的也是理所当然的待遇。

当下，其他不同人文学科都表露了对语言学的兴趣，这更加凸显了法国语言学对于方法论的冷落是令人担忧的。大学教学大纲的死板以及学科的任意划分孤立了语言学家。自第一张本科文凭到其职业生涯的结束，使他都处于一种令人窒息的孤独之中。历史学家对于索绪尔主义的怀疑，其中就包含他最早所记住的以共时性为由，对研究对象武断的指责，使他更局限于自己固有的方法；即便有时可能也感受到其弱点，但他不会一下子否定老师们的教导或推翻好几代学者们通过持之以恒的努力所获得的成就。

因此，我们很容易明白接下来的段落并非再一次对索绪尔思想的称颂，而是希望展示其思想超越了语言学的范围，已经成为当下整个人文学科使用的总领性的认识论。我们对于索绪尔几个主题的描述不是强调语言学内部的纷争和对立，相反，是突出显示语言学从整体来思考的启发性意义。从外部来看，静态语言学和历史语言学的对立也是人文科学所遭遇困境的典型例子，因此是需要超越和克服的。那为什么语言学不能再一次

---

① 本文的中文翻译得到了格雷马斯夫人（Teresa Keane Greimas）女士的授权，并得到了国际符号学会副会长安娜·埃诺教授（Anne Hénault）的协助和支持，在此致谢。译文按照原文的排版，作者的注释皆以尾注形式出现，文中的引文部分皆为译者翻译。本文是教育部人文社会科学研究青年基金项目《巴黎符号学学派研究的最新进展及其应用》的阶段性成果，项目编号：21YJC740028。

② 文中多次出现“这位语言学家”即格雷马斯本人。——译注

③ 亨利·柏格森著：*Essai sur les données immédiates de la conscience*，《时间与自由意志》。——译注

成为这种超越的优先领域呢？

我们认为，索绪尔的开创性在于将其独有的看世界的方式[4]—— 一种将世界理解为巨大的关系网——变成了一种认识论和语言学方法论。因为他不满足于一种描述现象学或如同叶姆斯列夫所称的“‘纯描述’，这种描述更像是诗歌而非精确科学”[5]——我们通过越来越多“现象学的描述”对它已再熟悉不过了。而索绪尔非常清楚他的假设的认识论价值，并将其用于一门特殊的人文科学——语言学。他从语言学概念“能指”和“语言”出发，前者与“所指”（只能通过“能指”认识“所指”）休戚与共、紧密相连；后者的双面性取其“形式而非实质”[6]。这样，索绪尔用于语言学上的方法论也在其他人文科学被实践，关于结构世界的假设被确认，我们可以在意指活动中捕捉和理解结构世界。

索绪尔理论在法国的反响寥寥主要是由于缺少一门可以超越思维和言语活动二律背反的言语活动心理学。这种缺失反过来又进一步弱化了索绪尔理论的影响，或者说强化了传统心理学，硬要将语言现象在两种“实体”的关系框架中进行解释：思维和言语活动。言语活动心理学的缺失不仅解释了日内瓦学派在运用索绪尔理论方面的部分失败，导致层出不穷的心理主义阐释，同时也解释了布拉格学派可能过于狭隘的形式论方法。心理学前提造成的不兼容性注定任何创新尝试都会以失败告终，如果只满足于在索绪尔主义和心理与行为主义语言学[7]之间采取并列折中的态度——从这个角度来看，索绪尔语言学得向梅洛-庞蒂的努力致意。因为他试图建立一门言语活动心理学，其中思维与言语活动的二分法被摒弃，而突出在言语活动中，意义是语言形式所固有和内在的。根据他个人的看法和很多研究者的观点，在很多方面，梅洛-庞蒂的言语活动心理学都是索绪尔思想的自然延续。[8]

索绪尔理论更重要的延伸是在社会学方面，主要贡献得益于克洛德·列维-斯特劳斯。我们还记得 W. Doroszewski[9]曾解释索绪尔理论是社会学法国学派的假设用于语言学的杰出实践，他的这一研究很令人信服。如果说在某些方面，索绪尔的“语言”概念看上去的确以涂尔干的“集体意识”为基础，列维-斯特劳斯却将其超越，因为他并不需要求助于思维的基本范畴和传统并武断的逻辑和前逻辑划分、意识和无意识划分，而是通过“整体能指”（signifiant global）的概念囊括整个社会空间并将它看作一个同质且封闭的系统来研究。他的发现推动着法国社会学在自己的学科中自我超越并重新建构。正是法国社会学这种辩证法上的进步，列维-斯特劳斯[10]矢志成为莫斯和涂尔干思想精神的继承者就得到很好的解释，尽管部分法国社会学家并不苟同这一点。他也宣称同时是弗洛伊德和索绪尔的继承者，在《忧郁的热带》中，他讲述了“超越理性之外”，发现“一个更加重要和有价值的范畴，即‘能指’，它是理性的最高存在形式”[11]。对社会学研究又有了新的可能的承认，有助于我们理解他正在撰写的著作所具备的重要意义。

索绪尔关于语言与言语的划分无人不知，具有重要的认识论价值：这个划分假设了在时间上无限延展的言语之前，有一个与之相对应的语言系统，也只有这个系统可以使交际变得可能。而后叶姆斯列夫用更加综合的术语表述为任何“过程”都以一个“系统”[12]的存在为前提。作为语言学家，在无限的言语事实和表达方式之前不知所措，只能构建一门句法价值的文体学而非句法学。社会学家更甚，在多元的方法视角和无尽的社会关系前更感到无计可施，而只能得出片面的结论，局限于做微观社会学的研究。相反，对索绪尔假设[13]的应用，让他有效地将女性的交换“过程”与亲属关系结构对立，将财富、服务的交换与经济结构对立。更笼统地说：社会关系作为社会心理学的对象，对立于社会结构，它是社会学的对象。或者使用梅洛–庞蒂喜欢使用的马克思主义术语——生产力对立于生产形式[14]，因而社会学向历史学敞开怀抱变得可能。语言能指的同构性有利于早期布拉格和哥本哈根语言学家的研究，他们以形式化领域杰出成果为代表的理论建构足以解释当下索绪尔主义的复兴与其方法论的广泛应用。

没有人会忽视列维–斯特劳斯和梅洛–庞蒂同一时期所开展的工作的意义，因为他们从索绪尔的假设出发，将其运用在“思维层面”（*l'ordre pensé*）和“经验层面”（*l'ordre vécu*），恰如其分地重申了社会客体和维度的自主性和现实性。通过不同术语：列维–斯特劳斯可能偏向“集体无意识”[15]，梅洛–庞蒂喜用“自主社会空间”[16]（espace social autonome）。尽管形而上学的前提有所不同，“社会现实”（réalité sociale）还是出现，它可以在自己全部[17]的透明关系网中被理解，就像是笛卡儿的蜡块论证。因为社会现实在不同结构层面，既包含了卡尔·马克思描述的资本主义系统，也囊括了索绪尔的语言系统。

在三个不同的交换层面——女性的交换、财富和服务交换、信息交换，按照列维–斯特劳斯的说法[18]，对应着三种结构，即：亲属结构、经济结构、语言结构。因此，处于整个社会背景下的语言可以用两种方式来理解：要么作为音位和形态句法关系的系统，以交流为前提[19]——这的确颇具复杂性，但相对封闭；要么从广义上来看，作为人类交流信息的全部的缩影，语言能指因而包括巨大的所指，其外延几乎对应整个文化的概念。很明显，任何性质的区分都无法对两个语言场域进行限定，比如性别范畴与颜色光谱的“范畴”位于同一层，前者与后者同样“语义化”。

原则上，没有什么可以阻碍我们将结构主义方法扩展至描述文化和社会象征的方方面面。它们被语言能指所覆盖，并通过语言被理解。词汇学的这种主张遭到音位学家和句法学家的怀疑或猜忌可以理解，因为他们想要维护各自学科的自主性。相反，历史学家和人种学者时常借助语言学及其方法[20]，即便目前语言学的研究也只是提供些不成体系的现象和难令人满意的语义学方法。我们清楚地看到一门好的方法学能够带来的巨大便利。今天，如马克·布洛赫（Marc Bloch）和查理·莫拉泽（Charles Morazé）等历史学家，已经完全意识到了这点，他们主张将历史学研究和语言学研究联系起来。[21]他们将态度和行为的社会心理学（将其应用于历史研究显得尤为困难）[22]与结构研究方法对立起来。这种结构研究方法偏向结构描述，集体思维、感知和伦理的“模型”构建以及作为方法论而非独立学科的社会和历史词汇学。即便特里尔[23]（J. Trier）和近来马托雷[24]（G. Matoré）做了百般努力，社会和历史词汇学也无法突出重围，但可以在交叉学科之间占据一席之地，起到辅助和引导作用。

一旦假设了语言能指的功能单位，我们就不得不去注意其多样性特点。一些构成语言能指的系统比另一些看上去结构性更好，同质性更强。其原因并不仅仅是它们依赖“经验层”和界定明确的社会集合抑或是限定清楚的社会功能，而是因为从结构性系统中，一个整体而又自主的意义显现出来了。比如我们首先想到的就是神话系统、宗教系统或是作为虚构形式的文学。在面对这些独立意指集合的时候，语言仍旧是语言本身，也就是说符号系统，但同时也像被当作工具，用来间接建构“思维层”“元语言”。语言在构建自己的符号系统时使用业已形成的音位结构，同样，我们可以说元语言使用语言符号来生成自己的独立形式。因而，根据叶姆斯列夫的观点[25]，通过某一结构性的能指集合，如文学、通俗语言、神话，我们可以建构一个符号学系统。通过分析，其结构得以呈现，它是一个独立而又整体的意指。将这一假设用于描述文学元语言可以更好地展示其作用，杰出代表正是罗兰·巴特[26]。

19 世纪的文学史已经把文学作品摧毁的事实，再怎么强调也没有任何意义，在我们之前，很多人都已经做过了。文学史通过各式各样的社会和心理学因果论，将文学作品简化成“观念史”或是创造性想象的心理学。因此，实诚的文学教授将眼下自己的作用局限于“解读”，并认为自己的任务是利用与文学无关的一切来对文学进行讲解。因为制度性原因，而非科研角度，语言学家也给出他们对于文学现象的解读。他们的努力也取得了可观成就，包括创建大型索引（如 Charles Bruneau 的《法语语言史》后两卷）、文体修辞格。这样的研究尽管全是对单个作家“语言和风格”的考察，却能通过对多个作家的平行研究，揭示“时代风格”的概念。得益于方法学的一致，这些研究默认存在一个唯一且同质的平面，在此之上，不仅文学作品得以构建，而且文学事件也得以展开。文学形式的这个索引目录如果是详尽的，就构成了文学元语言的能指。然而，只要我们无法确认在能指之内存在与之平行的整个所指，那它就无法实际运用。这个所指解释了形式选择的原因和社会用途，也包含了某一文学语言的美学和伦理学价值。巴特贡献的原创性就在于：一方面，他肯定了文学语言的自主性，其符号不能简单归结为语言符号；另一方面，他强调了一个时代文学形式的全部意旨。“写作”，这是罗兰·巴特选用的名字来指代所有文学符号，它独立于任何我们在文本帮助下想要传达的内容，其作用“强加一个超越语言的东西，它既是历史也是我们采取的立场”[27]。“写作”的概念已经逐渐被用于文学批评[28]中，可能会推动文学方法的革新，甚至会构建新的历史——“写作的历史”。

虽然构建一门新的文学的假设就此提出，原则上，也没有什么会阻碍结构主义用于人种学家和宗教史学家的研究[29]，但别忘了分节的言语行为（langage articulé）无法穷尽所有信息和符号，语言与文化的外延也不一致：比如造型形式、音乐结构也同样覆盖社会空间的广袤领域，充满丰富的意指活动。不管是福西雍（Focillon）学派的方法论成果还是马尔罗（Malraux）作品中的直观启示，抑或看上去拥有独立音乐语言[30]架构的音乐学，它们在与结构语言学主要成就碰撞之下或是一旦将索绪尔主义引入自己的学科，那么该领域的问题会进一步得到理解；同时，索绪尔[31]所预计并想要建立的普通符号学也必将浮出水面。

然而不幸的是——绝佳的神话小说残篇或是守旧的反科学主义遗稿——这些宣称既属于科学又具备美学意义的相近领域，在 19 世纪的潮流中无非是由或者将由“历史”所构成：文学史、艺术史、音乐史等，将它们融入人文科学变得困难，因为一些领域主流思想对于问题的社会层面如一般习性或集体结构有意或无意的轻蔑，而更加倾向于个人、特例或创作者。我们刚刚肯定了梅洛–庞蒂在心理和社会两个层面的贡献，他之所以在索绪尔之后区分“被说的话语”和“能言的话语”[32]，好像也只是为了更好地探讨后者。哲学家的语言也不比其他人更单纯，我们很容易在梅洛–庞蒂的作品中发现对于制度的负面的、柏格森主义的批评。“写作”这个概念也是如此，刚被应用于古典时期文学形式没多久就被抛弃，取而代之的是一时兴起的心理意识讨论。[33]与索绪尔的能指范畴相比，研究现象的意识和无意识方面仍旧是次要的。另一方面，写作的定义只有在与之对立的“风格”[34]概念面前才会凸显。在语言学上，“风格”是作家存在主题的表达，使得巴特可以解释单个作品的独特性。我们同样可以大谈特谈鲍里斯·德·施略泽（Boris de Schloezer）音乐符号学理论旨在分析单个音乐作品[35]，Ch. Lalo[36]的“结构”美学试图从整体上定义艺术作品。

希望大家不要误会我们的意图：单个作品的定义是有意义的，甚至是必须的，当有一天我们可以不需要再借助于让人忧虑的美学和心理学范畴，而用语言学甚至符号学的方法来定义它，那将会是巨大的进步。

不过，一旦考虑到实际运用尤其是对结论的核验，这种理论上可行的方法仍旧显得不够成熟：它们不仅没有促进历史书写的描述工作，反而认为该工作已经完成。语言学家更加习惯于所从事工作的卑微，也对慢条斯理的结果录入习以为常，因此他们很容易理解这样的观点不是原则上的反对，而是一种思维态度。

本文已经多次应用索绪尔的二元论——能指与所指，语言与言语——但如果我们不提及看上去更容易使用的其他二元概念，这个清单就是不完整的。然而，其他二元概念却遭到语言史学者的强烈反对。原因很简单，武断的二元区分将这些人排除在索绪尔理论的众多受益者之外：首先映入我们脑海的就是共时和历时研究的不兼容性。对于语言对象的结构单位进行范畴化的区分起初是必要的，没有这种范畴化的确定任何索绪尔式的语言学也无从谈起，这都是基本常识。接着，丹麦语言学在后来的发展中接受了“泛时性”[37]（*panchronie*）的观点，也就是说可以排查一切可能的语言结构。这样的观点具备方法论上的好处是，对于“无历史”的语言或者不适合用历史方法建立亲属关系的语言，“泛时性”的概念为语言学家提供了新的比较研究方法：一种超越时间和空间的比较法得以确立。但是，如果结构语言学拒绝承认某个语言的历史发展可以通过对比语言连续两种状态之外的方法了解——当“语言状况”[38]（*état de langue*）的定义引起同样的问题，在共时和历时对立中包含固有的矛盾——我们就理解为什么历史语言学家更倾向坚持自己的方法而不是接受对历史的放弃，尤其从一门主张科学的语言学的角度来看，这种放弃是无法理解的。

然而，如果说结构语言学和历史语言学能够和解，那将一定会是在语言空间的历史维度的研究中发生。通过一些方法论的研究成果，我们甚至能够瞥见索绪尔主义新的方向和某些大致线条，而这些绝不是对索绪尔思想的背叛。因为如果说言语在其纷繁的外显中依赖的是早已建立的语言系统，它同时也是所有创新和历史进步的来源。语言变化的事实和新的语言结构的诞生正是发生在这种言语和语言的辩证互动中，发生在这些分节和机制尚待研究的语言“实践”[39]（*praxis*）中。同时，从雅克布森[40]透彻的研究中，我们开始理解，如何在语言历史发展中搞懂语言结构：为此，只需要灵活使用过于机械化的语言“形式”概念，并在结构“平衡”假设之上，引入更为温和的概念“趋向平衡”[41]，或者我们常说的“趋向‘不平衡’”，因为历史的发展进步总是会伴随新的功能障碍性结构的产生。

结构和历史的方法互相渗透会比我们通常想的还要快速，“历史”语言学家如本维尼斯特或瓦特布尔（Wartburg）在他们的分析中经常比强硬的“共时派”如 J. Vendeyès 更加忠实于索绪尔的思想或是字面表达。在更普遍的认识论框架内进行更加细致的方法论研究需要两派语言学家们的合作。结构语言学只需接受一个前提，即了解语言的历时演变是必要的，历史语言学家只需放弃他们的立场，并承认结构主义建构的方法论工具是有用的。那么，一种更为丰富的语言学便横空出世，它既是结构的也是历史的，因此它作为人文科学先锋的地位也就得以确立。

参考文献

[1] 本文发表在《现代法语》（*Le français moderne*）1956 年第 24 期。

[2] [法] 克洛德·列维–斯特劳斯．忧郁的热带 [M]．巴黎：普隆出版社（Plon），1955：47.

[3] [法] 莫里斯·梅洛–庞蒂．法兰西公学院《第一讲》（*Leçon inaugurale*）[M]．1953：45.

[4] 本文排除任何将索绪尔归为所处年代笼统的认识论框架的企图，抑或是通过与胡塞尔现象学或是格式塔理论对比来评价其思想的独创性。

[5] [丹麦] 叶尔姆斯列夫．语言理论导论（*Prolegomena to a Theory of Language*）[M]．哥本哈根：印第安纳大学出版社，1953：4.

[6] [瑞士] 费尔迪南·德·索绪尔．普通语言学教程 [M]．1959：157.

[7] 尤其是乌尔曼（S. Ullmann）值得称颂的著作《语义学原理》（*Principals of Semantics*）和《法语语义学概论》（*Précis de sémantique française*）。

[8] [法] 莫里斯·梅洛–庞蒂. 知觉现象学 [M]. 巴黎：伽利玛出版社（NRF），1945. 尤其是“作为表达和言语的身体”一章，203–232.

[9] “涂尔干与索绪尔”，载于《言语行为心理学》（*Psychologie du langage*）.

[10] 参见其为莫斯著作所撰序言，载于马尔塞·莫斯《社会学与人类学》，巴黎：法国大学出版社（PUF），以及乔治·古尔维奇（Georges Gurvitch）的提醒，他认为列维–斯特劳斯的序言是对莫斯作品“十分个人角度的阐释”（第Ⅷ页）。

[11] [法] 克洛德·列维–斯特劳斯. 忧郁的热带 [M]. 巴黎：普隆出版社，1955：47.

[12] [丹麦] 叶尔姆斯列夫. 语言理论导论（*Prolegomena to a Theory of Language*）[M]. 哥本哈根：印第安纳大学出版社，1953：5.

[13] [法] 克洛德·列维–斯特劳斯，“社会结构”，载于《心理学论集》（*Bulletin de psychologie*），Ⅶ卷，巴黎，1953，5：539，370.

[14] [法] 莫里斯·梅洛–庞蒂. 法兰西公学院《第一讲》（*Leçon inaugurale*）[M]. 1953：45.

[15] 参见其为莫斯著作所撰序言，载于马尔塞·莫斯《社会学与人类学》，巴黎：法国大学出版社（PUF），以及乔治·古尔维奇（Georges Gurvitch）的提醒，他认为列维–斯特劳斯的序言是对莫斯作品“十分个人角度的阐释”（第Ⅷ页）。“莫斯作品序言”，同前：XXX–XXXII.

[16] 参见其为莫斯著作所撰序言，载于马尔塞·莫斯《社会学与人类学》，巴黎：法国大学出版社（PUF），以及乔治·古尔维奇（Georges Gurvitch）的提醒，他认为列维–斯特劳斯的序言是对莫斯作品“十分个人角度的阐释”（第46页）.

[17] 参考卢卡奇（G. Lukács）对“总体性”范畴的重视：“总体性范畴的首要性是科学里的革命原则的承担者。”（《历史与阶级意识》（*Geschichte und Klassenbewusstsein*），柏林. 1923：39.）

[18] “社会结构”，载于《心理学论集》（*Bulletin de psychologie*），370–371.

[19] 例如 Knud Togeby，即如此构思语言，《法语的内在结构》（*Structure immanente de la langue française*），哥本哈根，1951。

[20] 参考两卷本《封建社会》中对于封建体制基本概念的词汇学精彩分析。马克·布洛赫（Marc Bloch）在《为历史学辩护》（巴黎，A. Volin，1949：89）对其方法学进行了辩护，赞颂其“历史语义学”意义。以往的历史学家如菲斯泰尔·德·库朗热（Fustel de Coulanges）已经给出了“精彩的模型”。还可参考吕西安·费弗尔（Lucien Febvre）的《十六世纪的无信仰问题》，作者利用词汇语料来描述

16世纪的心灵状态，以及莫里斯·利恩哈特（Maurice Leenhardt）在《真实之人》（*Do Kamo*，巴黎，NRF，1947）中引人入胜的词汇学分析片段。

[21] “人们有一半时间都只能通过语言来达到他们的研究目标，到底是什么样的荒唐推演让我们能忽视语言学方面的基本知识呢？”（马克·布洛赫：《为历史学辩护》，同前，28页）查理·莫拉泽（Charles Morazé）认为如果我们一直“局限于传统的伦理学研究，一种对于观点的研究”，就无法认识社会行为，他相信“我们缺少的基础”可以从“伦理角度对历史和语言进行更深入的研究”获得。《论西方文明论》（*Essai sur la civilisation d'occident*）第207页与语言学面对的困难相比，这些论述通过本身的乐观主义，更加表明了历史学需要方法论支持。

[22] 参见霍尔金（M. Halkin）的研究，方法学使用上比较混乱但很有意思，“论荣誉史”（*Pour une histoire de l'honneur*），载于《年鉴》（*Annales*），1949，10–12（4）.

[23] [德] 特里尔（J. Trier）. 智能义域中的德语词汇（*Der Deutsche Wortschatz im Sinnbezirk des Verstandes* [M]. 海德堡，1931.

[24] [法] 马托雷. 词汇学方法 [M]. 巴黎：迪迪耶出版社（Didier），1953.

[25] [丹麦] 叶尔姆斯列夫. 语言理论导论（*Prolegomena to a Theory of Language*）[M]. 哥本哈根：印第安纳大学出版社，1953：73.

[26] [法] 罗兰·巴特. 写作的零度 [M]. 巴黎：瑟依出版社（Seuil），1953.

[27] [法] 罗兰·巴特. 写作的零度 [M]. 巴黎：瑟依出版社（Seuil），1953：7.

[28] 参见罗杰·卡耶瓦（Roger Caillois），在其《圣–琼·佩斯的诗学》（*Poétique de Saint John Perse*，巴黎，NRF）中的确大量使用“写作”的概念，但意义与罗兰·巴特的有所不同。

[29] 我们只需想一下结构主义者马塞尔·格里奥勒（Marcel Griaule）笔下对于Dogons的宇宙起源说的描述所具备的牢固框架。《水神》（*Dieu d'eau*），巴黎：橡树出版社，1948.

[30] 鲍里斯·德·施略泽（Boris de Schloezer）在《巴赫音乐美学导论》（*Introduction à J.-S. Bach*，巴黎，NRF，1947）中成功使用索绪尔的概念：“在音乐里，所指是内在于能指的，内容是内在于形式的，以至于严格意义上说，音乐不是‘有’意义，音乐就‘是’意义。”（第24页）

[31] [瑞士] 费尔迪南·德·索绪尔. 普通语言学教程 [M]. 1959：32–35.

[32] [法] 莫里斯·萌洛–庞蒂. 知觉现象学 [M]. 1945：229.

[33] [法] 罗兰·巴特. 写作的零度 [M]. 巴黎：瑟依出版社（Seuil），1953：86–87.

[34] [法] 罗兰·巴特. 米什莱（*Michelet par lui-même*）[M]. 巴黎：瑟依出版社，1954）和让–皮埃尔·理查德（Jean-Pierre Richard）《诗歌与深度》（*Poésie et profondeur*，瑟依出版社，1955）中很好地解释了“风格”这个概念。

[35] 之前引用的施略泽（B. de Schloezer）著作的标题足以传达作者的意图。

[36] 参见“艺术作品的美学分析”，载于《心理学学报》（*Journal de psychologie*），1946，7－9（3）：257.

[37] 参见布龙达尔（V. Brondal），《普通语言学论文集》，哥本哈根，1943：96，以及社会学上同一概念的典型分析：“一个民族的全部习俗总是被一种风格标记；它们形成系统。我确信这些系统的数量并不是无限的，人类社会就像个体一般……并不以绝对形式建立，而是在可以重组的、理想的备选库中选择部分组合形式。”（[法] 克洛德·列维-斯特劳斯．忧郁的热带［M］．巴黎：普隆出版社（Plon），1955：47.）不过，“理想的备选库”的概念、被当作创造过程的历史，二者能否一致的问题尚待了解。

[38] 参见瓦格纳（R.-L. Wagner）《语法与语文学》，索邦大学课程，fasc. 1 第四章："静态语言学——语言状况描述”。

[39] 对于近似于索绪尔“社会空间”的马克思主义“实践”（*praxis*）概念，参见[法] 莫里斯·梅洛-庞蒂．法兰西公学院《第一讲》（*Leçon inaugurale*）［M］. 1953：43. 列维-斯特劳斯强调“有必要在理论模型中引入能够解释结构历时演变的新的元素”之后，坚称“术语（也就是说亲属结构的静态描述）和行为本质上就是辩证的。”（《社会结构》，同前，第381页）

[40] [俄] H. C. 特鲁别茨柯伊（N. S. Troubetzkoy）．音位学原理［M］．康丁诺（J. Cantineau），译．1939：315－336.

[41] 我们能够在奥德里库尔（A. C. Haudricourt）和朱利昂（A. C. Juilland）的重要著作《论法语语音学的结构历史》的引论中看到布拉格功能主义学者的长久努力，他们让历史学认可了结构主义。对于“趋向平衡”，参见第5页。遗憾的是，我们还没能一睹马蒂内（André Martinet）的新作《语音变化的结构——历时音位学原理》，伯尔尼，共396页。

作者简介

A. J. 格雷马斯（1917—1992），立陶宛裔法国符号学家，巴黎符号学派创始人，生于俄罗斯图拉市。1934年毕业于立陶宛大学法律系，1936—1939在法国格勒诺布尔学习语言学，1949年获得巴黎索邦大学博士学位。代表作主要有《结构语义学》《论意义（上下册）》《符号学词典——言语活动理论的系统思考》等。

译者简介

李双（1987— ），男，安徽金寨人，博士，天津外国语大学欧洲语言文化学院讲师，语言符号应用传播研究中心专职研究员。主要研究方向：普通语言学与符号学、翻译。

基金项目

本文是教育部人文社会科学研究青年基金项目《巴黎符号学学派研究的最新进展及其应用》（项目编号：21YJC740028）的阶段性成果。

论文选登

中国符号学发展的语象合治之路[①]

王铭玉　孟　华

摘　要：符号学是一门充满了西方色彩的现代显学，它历来被分为以索绪尔为代表的语符中心符号学和以皮尔斯为代表的实效主义符号学两条路径。时至今日，符号学有没有第三条路径？此问题是世界当代符号学关注的热点，更是中国符号学亟待回答的问题，因为它关系到中国传统符号学资源的属性、符号学研究的意指模式以及中国符号学在世界符号学的地位问题。我们认为，第三条路径是可以探究的，这就是基于中国学者"语象合治"符号观的语象合治之路。本文的思想观点有七：1）提出"大符号"观来规约符号，对符号的界定标准做进一步完善；2）语象合治是符号学的普遍现象，体现的是一种中性符号观，其主旨是对二元对立及语象分治关系的解除；3）语象合治可分为移心型合治和执中型合治，前者跨界有痕，后者整合浑成；4）语象合治观无论在中国传统符号学思想中还是在当代西方符号学思想中均具有理论根底和基础；5）语象分治是西方符号学所遵循的主要路径，但其对符号认识的偏狭和对符号边界的固守已经形成符号学发展新的瓶颈；6）中国符号学研究者的理论探索和创新实践是非常有益的，充分说明了"语象合治"思想的正确性；7）中国是一个长于符号思维的国度，其独特、丰富的符号学学术资源是中国符号学发展的重要依托，语象合治思想的提出将会进一步提升中国符号学在世界学术界的地位。

关键词：符号学　大符号观　语象合治　语象分治　中国符号学

符号学萌芽于西欧与北美，成于法国，兴于苏俄，盛于美国，是一门充满了西方色彩的现代显学。虽然早在1926年赵元任先生就曾发表过《符号学大纲》，但中国学者作为一个学术群体全面接触并研究符号学理论，还是自20世纪下半叶开始的。到了21世纪，随着民族复兴和国家发展的步伐加快，中国的符号学研究后来居上，引起了世界学界的高度关注。伴随中国符号学的崛起，一些质疑声也随之而来，主要观点有二：1）虽然中国的传统符号资源丰富，但从符号学角度来看，大部分属于类符号或西方符号学范畴中的非典型符号现象；2）除了以索绪尔和皮尔斯等为代表的西方符号学路径之外，中国符号学难以提出具有本土色彩的理论。情况果真如此吗？答案是否定的。本文尝试提出"合治符号"的概念，力图为探索世界符号学的东方之路提供一些新的思考。

① 本文发表于《当代修辞学》2021年第4期。

1 狭义符号观与广义符号观

给“符号”下一个定义并不困难，但准确、周遍地来界定“符号”却始终是一个争论不休的问题。为了更深刻地理解符号概念，我们不妨征引一些符号学家关于符号的定义。（王铭玉，2004：12—13）

古罗马哲学家圣·奥古斯丁（Augustine，S.）说：“符号是这样一种东西，它使我们想到在这个东西上加诸感觉的印象之外的某种东西。”美国哲学家、符号学家皮尔斯（Peirce，Ch.）说：“符号是在某些方面或某种能力上相对于某人而代表某物的东西。”美国哲学家、符号学家莫里斯（Morris，Ch.）说：“一个符号代表它以外的某个事物。”意大利符号学家艾柯（Eco，U.）说：“我建议将以下每种事物都界定为符号，它们依据事先确立的社会规范，从而可以视为代表其他某物的某物。”法国符号学家巴特（Barthes，R.）对符号的看法较为特殊：“自有社会以来，对实物的任何使用都会变为这种使用的符号。”日本符号学家池上嘉彦（Ikegami，Y.）说：“当某事物作为另一事物的替代而代表另一事物时，它的功能被称为‘符号功能’，承担这种功能的事物被称为‘符号’。”苏联语言符学家齐诺维耶夫（Зиновьев，A.）认为：“符号是处于特殊关系中的事物，其中没有，而且也不可能有任何思想的东西……符号的意义因而并不表现在它本身上，而是在符号之外。”苏联心理学家列昂节耶夫（Леонтьев，A.）说：“符号既不是真实的事物，也不是现实的形象，它是概括了该事物的功能特征的一种模式。”值得一提的是，瑞士语言学家和符号学家索绪尔（Saussure F，de.）另辟蹊径，把符号看作一个由能指（表达面，语音印象）和所指（内容面，概念印象）构成的两面体，所指绝不先于能指而独立存在，符号是由一系列差异关系的语音印象和概念印象结合而成，而与外部世界无关。显然，从上述征引中我们很难得出一个统一的符号定义，因为思想基础不一样，出发点不同就必然导致结论的不同。从现有的有关符号的定义来分析，可以大致分出三种类型的定义：第一，实体论符号观，以现象学思想为基础。持这种符号观的学者认为：人只能认知现象，而实质或是不可知的，或是人类创造能力的结果。因此，任何一种被人的感觉器官所感知的事物，如果它发出关于其他不能直接观察的形象的信息，那么这一事物就被认为是符号。简言之，符号指的就是关于事物和现实内容的信息。第二，形式论符号观，以逻辑心理学思想为基础。持这种符号观的学者认为符号是针对意念的或功能的结构而言的，这种结构对于其物质方面是漠不关心的。真正的符号被理解为具体的、起符号作用的因素，符号本身并不存在，它是符号情境的一部分。换言之，符号是指认识主体的模式行为的直观形象方面的信息。第三，双兼论符号观，即兼顾上述两种思想，形式论与实体论相结合。许多符号学家以此为出发点来界定符号，他们既看到符号的物质性、实体性，又承认它的思想性、形式性。由于前两种定义过于严苛，常被看作“狭义符号观”，本文称为“分治观”：将实体和形式对立起来分而论之。而第三种定义由于可以接受更多的符号入列，常被看作“广义符号观”。

基于广义符号观，王铭玉（2004：14）也曾给出过一个对符号的尝试性界定：“所谓符号，是指对等的共有信息的物质载体。”这里，阐明了符号的四个重要性质：一是符号具有物质性。任何符号只有是一种物质符号，它才能作为信息的载体被人所感知，为人的感官所接受。物质符号包括有声符号、光学符号等。二是符号能传递一种本质上不同于载体本身的信息，代表其他东西。如用天平表示法律的公正，用V形代表胜利。三是符号具有社会性，传递一种共有信息。符号是人类彼此之间的一种认识，只有当它为社会所共有时，它才能代表其他事物。例如砰的一声，它可能是鞭炮声、枪声或汽车轮胎破裂声，但对赛跑运动员来说，起跑的枪声才是符号。四是符号具有对等性。任何符号都由符号形式与符号内容构成，形式与内容之间是“对等”的关系。在这种关系中，形式与内容不是前后相随，而是联合起来，同时呈现给人们。以一束梅花为例，可以用梅花表示坚贞，这时，这束梅花就是符号形式，坚贞就是符号内容；梅花当然不等于坚贞，用梅花表示坚贞，绝不能解释为先有梅花，而后引起坚贞。恰恰相反，两者被联合起来，同时呈现给人们。对等性不仅是意指论的，更是形式论的——强调了符号结构系统对意义的生产性：中国传统的梅、兰、竹、菊的符号系统分类框架，让梅花获得了“坚贞”的意义。以往，在秉持狭义形式论符号观的学者看来，绘身文身、人身装饰、林中起烟、窗户结冰、风信旗摆、周易卦象、象形汉字和古埃及圣书字等都不是真正的符号，最多属于类符号现象。但从广义符号观出发，它们都具有物质性，能表它意，可以被社会所认识，其形式与内容对等呈现，完全具有符号的属性。中国传统文化中包含着丰富的“广义符号思想”，如对“文”这个字的释义，许慎《说文》：“文：错画也。”即花纹的“纹”。古汉字“文”的另一个常用义是“文字”，《孟子·万章上》：“故说《诗》者，不以文害辞，不以辞害志”指的就是文字。而明宋濂则认为（三代）“动作威仪，人皆成文”（申小龙，2001：4）。这里透露出一个信息，夏商周三代的“文”这个字包括了今天的文字、图画、仪式等一切视觉性的符号，所以古人将包括汉字在内的各种视象性的符号表达统称为“文”，体现了一种广义符号观。

因此，符号学所指的符号，并不是指单一的语言、文字等。它的研究对象是围绕人类的生命活动所展开的各种意指实践或符号化过程，包括姿势、踪迹、语言、图像、书写、艺术、仪式、实物等各种表意方式。一言蔽之，符号学所处理和思考的对象是一个异质多元的符号综合体，需要从“大符号”的角度来分析和阐释。

2 语象合治是符号学的普遍现象

广义符号观是一种大符号观，它能够容纳异质多元的符号入列，与语象合治问题密切相关。在广义符号家族中，有两类最基本的原型符号：一类是语符，即通常所说的语言符号，包括口语、文字或书写文本以及各种语言替代品如手势、代码等符号；另一类是象符，即以图像为代表的视觉符号，包括了实物符号和各种视觉技术符号。语/象符号是广义符号观研究的主要对象，它突破了传统上要么以语言的语符号为中心、要么以非语言的象符号为中心的狭义符号观的分治立场。

“语象合治”是我们经过长期思考之后提出的一种符号意指方式，体现了一种中性符号观。“中性”或“中和”，在法国符号学家巴特看来意味着二元对立的解除（2010：10—11）。拿网络表情包为例，就是图像和语符的中性合治符号，它既不是图像又不是语言，但具有语符（文字）和象符双重编码性质。表情包是对传统图文分治格局的消解，在传统线性书写的文体中，插入表情包显然不得体，但在网络语言诸如微信体中，空间非线性的、信息浓缩的碎片化句式与表情包彼此融合，相得益彰。因此，表情包乃至更大的符号单位——微信体，都是一个语和象、线性和非线性融合的合治符号。故我们把合治符号定义为：内部隐含、外部关联了多重异质符号要素（主要是语象）并相互跨界、相互补充的符号或符号表达单位。

在各种异质符号中，语符号（包括口语、书写语言以及语言的各种补充替代品，如盲哑语、公共标识、数字记号等）和象符号（包括图象、实物、仪式、行为举止之类各种视觉性符号）是广义符号家族中最重要的两翼，因此，“合治观”处理的异质符号关系主要是语符和象符的关系，简称“语象合治”。

2.1 从圣书字来看语象合治

语象合治是符号学的普遍现象。在西方，语象符号的合治现象源远流长。众所周知，西方字母文字的重要源头是古埃及圣书字。它自身就由图像化的象形符号和记音化的辅音符号构成，是一个典型的语图合治的符号系统。如古埃及圣书字既可以用作形符（象）表示“房子”，也可以假借作声符（语）表示双辅音 pr。可以看出，圣书字在形符（象）和声符（语）之间变换角色时，有相对明确的外部标记：形符（也叫作“定符”）有自己的固定位置，它一般置于字符组合的末尾，而声符置于定符之前。如“前行”这个词，充当声符 pr 时，它位于形符之前，而充当形符或定符时，它出现在词的末尾；如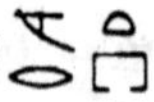“街道”这个词，前三个是辅音声符，最后一个是表示房屋、建筑的定符。同时，圣书字一般与叙事图画并置构成最早的“连环画”，如将文字和图画合在一起写在莎草纸上的“亡灵书”：图画是为了阅读文字，文字是为了观看图画，语图合治，你中有我，我中有你。

2.2 从象形汉字和《易经》来看语象合治

语象合治对中国符号学来说是个典型现象。先来看象形汉字，我们的这种传统文字常常可同时兼有形符（象符）和声符（语符）两种功能。如甲骨文，作为形符表示“簸箕”，假借为声符时它充当虚词。但在何种情况下作声符或是形符，缺少明确的外部标志，人们只能根据上下文来猜测。如：甲骨文（其其父丁）这句话，一般把 这两个字解释为语气词（声符，语），但也有学者解释为是用两个祭品的簸箕 （形符，象）来祭祀父丁。（黄奇逸，2008：457）的这种语象身份的模糊性，其实反映了甲骨文本身语象跨界的浑成不分。除了象形汉字以外，中国语象合治符号的另一源头还可追溯到《易经》符号那里。大约成书于西周的《易经》由两套符号构成：一是具有象形字性质的卦爻象符号（象）；二是承载卦爻象义理的文字书写符号系统，即卦爻辞（语）。二者复合成为一个更大的语象合治系统。卦象符号（或符号能指、象符）携带两种卦辞（或符号所指、语符）：一是像似物；二是意义。当指向像似物的时候，卦象充当图符的功能；当指向意义的时候，卦象充当字符功能。比如，八卦符号的能指（象符，卦象）既是图像又是文字，是语象的浑成；它的所指（语符，卦辞）既是概念又是物象，是词（名）与物的融合。这就是中国象符号的语象合治性，即在语象合治的同时又消解了语象之间的区分张力和距离感。语象合治符号的能指是趋向简约的，这是语象浑成的特征；它的所指是倾向名物性的：既是一个再现物、指示物，又是一个名、一个概念，二者浑成不分。

3 语象合治的类型和特点

我们可以把语象合治分为“移心型合治”和“执中型合治”。

“移心型合治”是指语象跨界的同时又保留了跨界的痕迹或语象差异的张力感，人们在符号面前保持了一种多元性意识。“执中型合治”则意味着语象跨界的同时又消解了跨界的裂痕，语象差异的张力感被一种浑成的整体感所取代，常常具有象符（象形）和语符（假借为音符）双重编码性质。前者如古埃及圣书体的象形字，它在进行语象转换时是有形式标记的，比如用作定符（象符）时总是在词的末尾，用作音符（语符）时则置于定符之前，圣书字在语象转换过程中保持了跨界的痕迹即标记。相对而言，甲骨文是语象执中型合治，且以象符（象形、指事、会意）主导。甲骨文假借字都是由象形字兼职或临时应用，其表意活动还是以象符为本、围绕象符展开的。圣书字之所以属移心型语象合治，是因其音符（语符）处于主导或是语本位的，意符只是作为音符的补充：“与我们想象的相反，古埃及象形字中的表意符号并非常见。”（安娜–玛丽·克里斯坦，2019：83）古埃及象形符号不表音而在表意的时候，通常会在象形字旁边附上一个标记符号“|”，而象形字作音符时则是无标记的。“圣书字中在意符旁边添加的指示符不同于古汉字中标指词义的指示符，其目的是表明此字符非表音，而是表示字形所描绘的事物。因为在圣书字中基本字符用来表音已经相当普遍，单独用基本字符来

表词的情况较少，所以需要这种特别提示。”（陈永生，2013：73）当一个符号具有语符和象符双重功能时，根据标记理论，常项一般是无标记的、非常项则是有标记的。（孟华，1999：269）此外，当古埃及象形字作定符（没有读音、表示类别意义、依附于音符和意符后面的象符）时，也有自己的空间标记性：总是位于音符串之尾，易于识别。可见，圣书字的语象移心型合治有两个特点：其一是圣书字在进行语象双重功能转换和跨界时，一般保留了转换的标记，即语象跨界的差异感；其二是语象合治的语本位精神，在圣书字行使语符和象符双重功能时，语符（音符）是其常项，象符（意符和定符）主要起到对语符的补充、限定作用。

象符倾向于象似或相似理据性编码，更强调符号能指和所指之间的自然关联和距离感的缩小；语符着重于任意性规约编码，更强调意指关系的自由关联和间距性的扩大。因此，执中型的象本位和跨界距离感的缩小，体现了东方的理据性符号学传统；移心型的跨界差异感和语本位这两个特点也是彼此关联的，它表征了自古埃及以来西方的去理据化、任意规约主导的符号学传统。

很多学者对两种合治符号所承袭的东西方特性也有所认识。米歇尔（Mitchell，W.，2012：31—32）曾说过：“维特根斯坦把象形文字用作语言图像理论的模式，而庞德则感兴趣于中国的象形文字，视为其可能标志着语言图像作用之极限的诗歌意象模式。”移心型合治的古埃及象形字，可能是西方合治符号的精神源头。这种移心型合治观在西方文论中用“语象叙事”（ekphrasis/ecphrasis）① 一词表示，其基本含义是语象跨界融合。语象叙事的传统源自古希腊罗马，两千多年来其内涵经历了诗如画、以言及象、语象竞争的变化（王安、罗怿、程锡麟，2019：4），但基本精神始终未变。对比东西方文化中的两种符号，它们的特点还是明显的：其一，西方的语象合治符号通常保持了语象跨界的差异感。“语象二分而非融合……凸显了西方语象叙事传统与中国文论的最大不同。与西方相比，图文关系在中国文化中一直处于水乳交融的状态，两者之间的对立和矛盾要缓和得多。纵观中国文学史，诗画同源、诗书画一体等概念基本占据主导地位。”（王安、罗怿、程锡麟，2019：4—5）在诗歌中营造画面感是语象合治叙事的核心问题，中国文论叫作比兴，西方叫作隐喻：即一个画面（形象叙事中的喻体或比兴）和一个本体（语言叙事下的对象、事件）之间的关系问题。符号学家胡壮麟先生就肯定了龙必锟提出的“像间距”的概念：指本体与喻体之间的距离感。（胡壮麟，2004：222）我们认为，诗论中“像间距”的概念隐含了语象合治的两种方式：执中型——像间距的缩小；移心型——像间距的扩大。加拿大学者高辛勇（Karl，K.）也讨论了像间距的东西方差异，认为中国诗里强调的是“兴”而不是比喻。在比喻的情形下，喻体和本体的距离感是明显的，但“在兴的情形下，两者关系则不明显也不明确”（高辛

① “语象叙事”有很多中译名，如艺格赋词、图说、视觉书写、书画文、造型描述等。王安，罗怿，程锡麟. 语象叙事研究［M］. 北京：科学出版社，2019：8。

勇，1997：68）。其二，语本位性在西方文化符号中得以明显体现。西方的语象叙事传统被米歇尔表述为“视觉再现之语言再现”（Mitchell，W.，2006：138），其基本内涵还是语象叙事，即通过语言叙事来实现视觉造型艺术的效果。主要包括三种情况：一是文学中对视觉艺术的模仿；二是现代文学的空间形式；三是图像时代的语象合体。在语象二元关系中，语符成为象符形成的基本条件，或者说任意性差异观的语符思维一直是西方移心型合治符号的底色。当然，到了图像时代，在语符基础上营造语象合治的书写形象，转向空间性语象合治、并置、竞争，时间性语本位的语象合治关系被反思和颠覆，被空间性跨媒介、跨符号、多语式的语象合治所取代。德里达（Derrida，J.）曾用“文字”这个概念总结了读图时代的新型语象合治观（1999，2005：11），但是他把这种语象合治的“文字”看作制造差异的时空异延运动，譬如其句子模拟实物形象而进行空间排列的图形诗，就是德里达的语象合治的“文字”：我们在时空变换、在观看（图形）和阅读（诗）中往返穿梭，它被我们当作图形来观看时，一方面抑制了对它的阅读；另一方面又建立在阅读和观看的跨界合治基础上。它被我们当作诗来阅读时，一方面造成了与观看（图形）的隔离和间距性；另一方面又是语象移心、合治的过程。

4 语象合治观的理论基础

4.1 中国传统思想理论基础

语象合治观可以从儒家经典那里获得哲学表述。儒家中庸之道最简明概括的说法是“执其两端，用其中于民”（《礼记·中庸》），简称“执两用中”，即消解两端的极性对立，采取一种不偏不倚的执中立场。中庸之道在《易传》中体现为执中型语象合治的符号思想，魏晋王弼将其总结为：“意以象尽，象以言著。故言者所以明象，得象而忘言；象者所以存意，得意而忘象。”（王弼、韩康伯，1993：251—252）对执中型语象合治观的哲学总结，具体包括三个方面：其一，用可视、可感、有理据的“象”去表达言与意，同时又随时忘记或隐藏这种视觉理据；其二，用可思、可说、可读的“言”去建构和理解视觉的象，同时又随时丢弃或隐藏用来建构象的言和意；其三，语符和象符只有在彼此边界的消失中，在相互融合、替补中才能完成自己的表达。

传统易学中的执中型符号观是一种消“界”而非主动跨界的符号意识。西方的移心型中性观是对语象边界区分基础上的反思和超越，而传统易学乃至整个中国传统符号学中的语象边界并未经过一个充分标记化和理论范畴化的过程。或者说，语符和象符关系是作为一种整体性经验事实被接受，而非经过理性逻辑分析、反观和“移心化”处理。因此，执中型既保持了符号发生状态的某种整体浑成性，又以人们的身体经验和生命活动为中心，对语象两端进行有利于表达者或接受者的语用选择。

在中国传统诗学中，语象执中型的重要表现之一就是情思（语）与景物（象）的浑然一体。如王维《辛夷坞》："木末芙蓉花，山中发红萼。涧户寂无人，纷纷开且落。"作者恬淡寂寞的情思并未诉诸纯概念化的词语，而是寄托于物象和场景之中，情景交融。中国传统绘画尤其是文人画，更追求语象圆融，无论是苏轼在《书摩诘蓝田烟雨图》中说的"诗中有画""画中有诗"，还是郭熙在《林泉高致》中说的"诗是无形画，画是有形诗"，均体现了书画之间同源、执中的合治特性：视觉性象符号揉入文字书写元素，语言文字符号则依赖可视性显象方式。

执中型语象传统使中国人倾向于一种整体浑成的意符思维：没有纯粹的看和画，亦无纯粹的思和写，面对可视形象时倾向于阅读和阐释，面对抽象概念时则喜欢采取可视可感、"立象尽意"或"物"的方式来把握。这种语象之间张力和距离感的消失，带有发生性符号构造的特征：重在对语象合治的浑成性应用，而非对语象关系本身进行元符号反观。

4.2 当代西方思想理论基础

德里达直接把语象合治思想与"文字"关联起来。德里达（1999，2005：10—12）指出，原始文字或原始书写不仅包括了听觉的语言，还包括了视觉主导的象符号："认定文字概念超越并包含语言……它不仅包括电影、舞蹈，而且包括绘画、音乐、雕塑等'文字'。"他认为"象形文字的图形具有语言形象和精神形象并行不悖的历史"，语象合治的象形字可能隐含着合治符号学的一种理论范式，语象合治可以"更深刻地把它理解为相互过渡……"德里达（1999，2005：12）这种以差异性语象跨界运动为核心的"文字"就是移心型合治语象观。

语象合治的符号学模型也是目前西方后现代思潮的一部分。无论是巴特、福柯（Foucault，M.）还是鲍德里亚（Baudrillard，J.），都对语象关系如词与图、词与物的中性关系做过深入探索。在米歇尔（2006：5）的图像主义符号学那里，词语与形象的关系成为核心问题："图像与文本之间的互动构成了这种再现：所有媒体都是混合媒体，所有再现都是异质的；没有'纯粹的'视觉或语言艺术。"

洛特曼（Лотман，Ю.）认为，任何符号或广义的文本"至少需要两种语言。从单一语言的角度，并不能准确地描绘这类文本"（卡莱维·库尔，2014：122）。根据洛特曼的符号域思想，语符或象符（图像、实物等视觉符号）从不是单一的，它们总是交织而成一个中性状态的、语象跨界的异质符号域。洛特曼还根据文化编码方式的不同将文化符号分为约定—离散的语言符号和图像—浑成型的形象符号（郑文东，2007：89），并将各异质符号如离散型语言符号与浑成型图像符号之间的系统关联性处理为符号学研究的重点，这种关联性就是语象合治的符号学立场。

美国汉学家费诺罗萨（Fenollose，E.）将执中型语象合治的写意方式叫作"意符思维"（ideogrammic thinking）（徐平，2006），"思维并不处理苍白的概念，而是察看在显微镜下事物的运动"（费诺罗萨，1994）。所谓概念在"显微镜下事物的运动"，就是写意符（语象合治的符号）双重意指的浑成性：以物象的方式把握概念，以意义的方式把握物象，同时又融解了这双重把握的边界。需要注意的是，西方的符号合治观虽然包含了对二元对立极性思维的超越和颠覆，但它最为根本的符号思维还是建立在语符的任意性基础上的：对符号差异、间距性扩大的无限追求，是以否定的方式延续了理性主义自我反观、批判的哲学传统。

5 语象分治的两条西方符号学路径

语象合治的概念是相对于西方语象分治概念而言的。

语象合治意味着一个符号表达单位具有语象相互跨界的双重编码性质。它的对立面是语象分治，即一种坚守符号纯正边界的极性思维。索绪尔（1980：104）将理据性象符号（如代表法律的天平或有象似理据的拟声词）排除在语言符号之外，就是为了坚守任意性和时间线条性的语符性质不被视觉性、理据性的象符所“污染”。这种二元对立的分治观的基本原则是一种符号的性质，是建立在对异质符号的否定来实现自己的价值的：索绪尔只有否定了语言中理据性“象”的要素，语符的任意性、时间线条性原则才能成立。其结果形成了非此即彼的符号边界：语言的归语言，图像的归图像。分治观体现在文论领域就是莱辛（Lessing，G.，2006：91）所强调的，诗歌属于时间性的艺术，绘画属于空间性的艺术。

皮尔斯虽然不持绝对的观点，但他也是持语象分治立场的。其象似符、指示符、规约符的三分法，就是在为异质符号划界。这种对内同质化、对外异质化的分治观，常常忽略一个符号所具有的跨界性多重编码性质。比如，皮尔斯的像似符中有图像符号和比喻符号，前者属于视觉象符范畴，后者属于听觉语符范畴。但皮尔斯将二者进行了单一编码处理，统称为“象似”，以与“规约”性的语符进行对立、区分。当然，皮尔斯并不否认一个符号可以同时具有像似性、指示性和规约性这些性质，但他的重点是在区分它们，而非关注三者之间的融汇、跨界、互补的中性关系。

5.1 西方符号学的第一条路径

就整个西方符号学历史而言，以索绪尔为代表的符号学派以语符中心主义、规约性传统占主导地位，其坚持的道路被称为西方符号学的第一条路径。它的哲学基础就是德里达所谓古希腊以来的西方“逻各斯中心主义”：心灵模仿现实，词语模仿心灵，文字模仿言语，语言与心灵之间是一种任意约定的符号关系。① 这种任意约定性，在符号学

① “言语，第一符号的创造者，与心灵有着本质的直接贴近的关系。作为第一能指的创造者，它不只是普普通通的简单能指。它表达了‘心境’，而心境本身则反映或映照出它与事物的自然相似性。在者与心灵之间，事物与情感之间，存在着表达或自然指称关系，心灵与逻各斯之间存在着约定的符号化关系。”［法］德里达（J. Derrida）. 论文字学［M］. 汪堂家，译. 上海：上海译文出版社，1999 /2005：14。

看来意味着在语符与现实世界之间人为制造的一种间距性、一种差异和思想距离感，唯有对立、差异、分治、模仿或符号性的替代才能实现，思想才能发生。索绪尔开创的结构主义符号学或之后的巴黎符号学是语本位（以语言为中心处理语象和言文关系）的，将语言符号的任意性和线条性处理为整个符号学的基本原则。“语本位”符号学立场强调以语言符号抑制非语言符号（主要指表意文字、象形字、图像等视觉性较强的符号），德里达（1999，2005：16）称之为“语音中心主义”（phonocentrisme）：在有声的言语和视觉的文字之间“贬低文字，而文字曾被视为中介的中介”。索绪尔的语本位模型实际上是西方拼音字母文化的产物。人类文字主要有三种类型：一是接近图像的图画文字或文字画（如原始部落中不能准确表词、只能提示语言的图像符号）；二是接近语言的文字（以表音素的拉丁字母为代表）；三是介于二者之间的意符文字（包括各类象形字和意音性汉字）。尽管这三类文字都涉及语象关系，但方式不同：原始图像文字通过压制有声语言而确立自身，它诉诸视觉而非听觉；拼音字母通过抑制图像而实现声音的在场，它极力淡化自身的视觉要素而假扮成语言音素层面的等值记号。

西方的文字学是分治符号学的思想基础：强调异质性符号之间的区分性，力求以单一编码主导的方式处理符号。分治观被解释为一种二元对立的语象关系模型：其一，我和你不同；其二，通过对你的抑制来实现自我。索绪尔的语本位符号学就是继承了拼音文字这一“分治”的符号文化传统：第一，坚持语言符号与非语言符号（如视觉性符号要素）的区分；第二，以形式化的语言模型（如任意性、组合关系和聚合关系）去处理非语言符号。

显然，语本位符号观的分治立场抑制了非语言符号的编码要素，如图像符号的象似性、直觉性以及实物符号的场景指索性等。结构主义符号学更关注的是“语法”而非“图法”或“物法”，按照聚合、组合“语法”设计的词表与根据“物法”（围绕某个主厨的随身方便性）设计的菜单是不同的：词表是“语”的范畴，指涉一个语义世界；而菜单语言则属“象”的范畴，指涉物的空间秩序、一个现实世界。

5.2 西方符号学的第二条路径

与索绪尔几乎同时产生的皮尔斯符号学通常被看作是西方符号学的第二条路径（这里的第一和第二并没有先后以及重要之意，主要在于区分二者的不同），而且势头大有盖过索绪尔符号学路径的趋势。之所以把其称为第二条路径在于其符号学模型的本质并非完全语本位。皮尔斯区分了象似符号（icon）、指索符号（index）和象征符号（symbol）①。符号，可分别代表图象、物象（或物的指示、索引）和语言。但皮尔斯仍是用分治的立场处理这些异质符号，如“马”这个单词是语言符号，“木马”是图像符

① 皮尔斯的象征符号（symbol）相当于索绪尔的语言符号（signe）。［法］茨维坦·托多罗夫．象征理论［M］．译者序，王国卿，译．北京：商务印书馆，2004：3。

号，马身上的烙印或标签是指索符号。这三类符号的边界是由三种不同的意指方式来区分的：图象—象似理据；指索—索引理据；语言—非理据（规约关系）。皮尔斯与索绪尔的最大区别在于：其一，皮尔斯更关注符号的动态意指关系（能指和所指、代表项和对象的解释关系），而非符号的系统结构关系。其二，皮尔斯关注符号的实体性，即符号的外部相关要素，如符号的物质性、解释者、符号指涉对象以及符号的理据性（如象似、指索）等。而索绪尔的结构主义符号学更关注符号的形式规则，排除符号的实体性要素。比如 nán（男）这个汉语词，索绪尔模式主要通过这个词的语音和概念之间的系统分配关系来确定符号的价值，而皮尔斯模型则注意到外部实体要素对符号意义的制约。比如汉字书写形式“男”（会意字）对 nán 这个词的意义建构，而在索绪尔的模式中，视觉要素被排斥在外，文字书写要素被处理为语言的透明镜像而可以忽略不计。其三，皮尔斯的分治不同于索绪尔以语抑象的语本位模型，他关注的是意指一个对象世界时不同异质符号之间表达效果的区分：语言的归语言，图像的归图像，实物的归实物。或者说，索绪尔是延宕层面（一个要素通过让另一要素的缺席来实现自身的出场）的语象分治，皮尔斯则是分布层面（一个要素通过与另一要素的共时差异来确立自身）的语象分治。皮尔斯的“语”即语言符号，“象”则是象似符号和指示符号。其四，皮尔斯以综合的方式，而非合治的方式处理了各种异质符号。区别于索绪尔，即使在同一符号内部皮尔斯也不排除多重编码性。他除了语言、图像之外，还把脚印、步态、北极星等都视为真正的符号，其追随者甚至发展出了植物符号学、动物符号学。由此而言，皮尔斯在一定程度上具有广义符号学色彩。但值得注意的是，皮尔斯并不是语言中心主义的支持者，即使研究语言符号，即他所谓的规约符或象征符，也绝不是索绪尔意义上的线性结构链中的语符。皮尔斯的语符实际上获得了与象符（他的像似符和指索符）同等的实体性质，区别仅仅表现在与对象世界的关联方式不同而已，而与语象关系无关。因此，我们认为皮尔斯的综合符号是建立在不同符号的物质性和实体性差异、分治基础上的。他关注的是综合符号家族内部的分治，而索绪尔关注的是语言符号与非语言符号的分治。

在命名符号这门学问时，索绪尔用的是 Semiology，而皮尔斯用的是 Semiotics，如果强调共性，两个术语可以视作同物。但毕竟当时他们身处异地，思想基础也不相同，二者的区别还是明显的。简言之，索绪尔的符号学之路更强调符号的任意性和形式化结构，更偏向“语”的一极；皮尔斯的第二条道路更侧重符号的理据性和实体性意指关系，相对而言更接近“象”的一极。但不管是第一条路径还是第二条路径，它们都秉持分治的立场。这种分治性符号学模型旨在建立不同异质符号（如语象）之间非此即彼的边界，一种符号的性质是建立在对异质符号要素的排斥和抑制基础上的，因此重在区分而非整体融合。

6 语象合治的中国符号学实践

是否有与西方符号学两条路径相异的第三条路径？这是中国符号学学者一直在思考并追求的目标。因为它关系到中国传统符号学资源的属性、符号学研究的意指模式以及中国符号学在世界符号学的地位问题。我们认为，“语象合治”是世界符号学研究可以探究的第三条路径，中国的符号学践行者近些年正在这条道路上探索并前行着。下面我们按照研究者探讨内容的远近来分析一下中国学者的合治符号学思想。

6.1 先秦符号思想研究

《先秦符号思想研究》（祝东，2014）是系统探寻和分析中国先秦时期传统文化中符号学思想的第一部专著，涉及易学、儒家、道家、名家、墨家以及法家等不同学派的观点，其中，作者对“周易”符号学思想的探讨具有重要意义。

《周易》也称《易经》或《易》，是中国最古老的文献之一，并被儒家尊为“五经”之首。它所蕴含的基本符号学思想是：预设了《周易》符号系统与世事之间内在的理据或表征关系，据此以阴阳符号的交替变化来描述世间万物的变化。《周易》符号谱系中包含了仪式的（或话语的）、图像的、书写的等各种异质符号，他们被“立象以尽意”的意象性方式有机地整合在一起，构成了一个层累的异质符号谱系，有理据地表征背后的世间万物及其义理。

古人实际上把“象”看作“天下之赜”，即天地万物的直接表征。就像烟之于火、风向标之于风向、物的成色之于物的品质那样的自然理据性符号，于是意象理据被自然化了。意象理据的主要特点是：把带有人为动机性的意象掩饰为客观现实本身，并在这种意象与对象浑成不分的符号思维中建立意象与客观现实的必然理据性，最终完成意象对现实的替代。

纯粹的图像符号是反概念的，主要是象似性地再现现实物象；纯粹的书写符号是反物象的，主要是抽象性、约定性地代表某个语言概念。但《周易》的卦爻象符号通过象征性物象来间接意指观念，体现了图像的意符化、概念的具象化的图文交融意识。这种交融意识我们称之为“意象思维”或“意象理据”。其中的每类符号，无论是卦爻象还是卦爻辞，也都具有双重指涉的意象性：既指向它们背后的内容（现实物象和物象观念的混合体），又指向另一类符号。这种双重指涉性以及意与象的二元融会性，消解了图与文、意义与图像、意义与对象之间的界线。整个《易经》的这种介于图像与文字、图像与书写、意义与对象中间状态的意象性，具有文本符号特征，准确说来就是意象性符号化方式：强调异质符号之间边界的消失，如图与文的融合，或者是用可视性方式表达抽象观念即意与象的融合。

意象思维凝集了《周易》符号学思想的精髓，主要体现在四个方面：一是意象思维中的符号分类思想。《周易》涉及三种基本符号：言、文、象。这种分类与索绪尔不同，后者重点研究的是语言符号，并不思考言、文、象之间的关系；也与皮尔斯不同，后者重点从区别的角度讨论了图像符号、索引符号以及象征符号的边界，虽然涉及语言符号，但对书写符号未予以应有的关注，而书写符号在中国文化符号谱系中却占有特殊重要的地位。二是辩证的“符号间性”思想。言、文、象符号之间既可以各自用其所长来补充其他符号的局限（立象尽意、系辞尽言），同时又可将这种异质性的补充隐藏起来，掩饰为透明的替代（得象而忘言、得意而忘象）。三是意象思维的结果是产生一个融合的言、文、象要素。如卦爻象具有介于图画与图形之间的性质，卦爻象和卦爻辞的图文互补性，《易经》（象符号主导）与《易传》（书写主导）彼此融合性等。它们的要义是消解图像符号的象似关系与语言符号约定关系之间的界线，在象符号中有言符号的约定编码，在言符号中有象符号的编码，最终产生一种“类文本”。四是意象思维为世界符号学提供了一种浑成型的符号意指方式。这种意指方式是介于视觉图像符号的象似性和语言符号的相似性及约定性中间的意象性理据原则：按照可视、可感、有理据的方式呈现抽象的义理和观念，同时又“忘掉”或掩藏这种理据性。

6.2 汉字的符号学研究

与符号学相关的汉字研究集中体现在三部专著之中：《汉字：汉语和华夏文明的内在形式》《文字论》《汉字主导的文化符号谱系》。①

汉字无论在中国文化符号谱系中还是在中国符号学思想史上均具有至高的地位，而在中国字学研究中成就最高、符号学思想最丰富、最系统的乃是“说文学”，以东汉许慎的《说文解字》（以下简称《说文》）为代表。《说文》是以字形分析为主兼顾音、义分析，通过说解字形，结合形音义之间的关系来探求文字的本义。而其字形分析的理论基础是“六书”，实际上反映字形与义（或音）之间的六种关系，相当于符号学中的六种意指方式。

“六书”的意象性意指方式属于符号学而非语言学。符号学与语言学都研究语言文字，但语言学着重的是语言文字的任意性原则和线性结构特征（如组合和聚合关系等），符号学则更关注语言文字的理据性原则和非线性的意指特征（如词语的使用者、词语本身、指涉对象三者之间的理据关系）。相对而言，字母文字具有任意和线性结构特点，它们的语言符号性质较为突出；而“形音义”结合体的汉字具有很强的“离散力”，即汉字的意义主要不是来自字与字之间的线性结构关系，而来自它自身所包含的理据性意指关系。所以，字母文字相当于一个语言结构要素，它只有在线性组合中才能产生词语及其意义，字母是为“词”做准备的，属于语言范畴；而汉字汉语则以“离

① 孟华．汉字：汉语和华夏文明的内在形式［M］．北京：中国社会科学出版社，2004；文字论［M］．济南：山东教育出版社，2008；汉字主导的文化符号谱系［M］．济南：山东教育出版社，2014。

散性的名物为视角去观察现实”。“名物性”和“词语性”是两个区分的概念，前者诉诸意指和理据关系，更接近符号学；后者诉诸线性结构关系，更具语言学特征。

“六书”隐含了极为丰富的符号学智慧，是中国符号学走向世界最为宝贵的理论资源。传统六书学最核心的思想是对“六书”中的意象性意指方式的总结。其中的“四体”（象形、指示、会意、形声）追求建立汉字与汉语之间“形义一致”的理据性意指关系，更注重“立象以尽意”，即以可视、可感、有理据的方式表达汉语；在语象关系格局中强调“象”的主导性；六书中的“二用”（转注和假借）则代表汉字意象性二元表达机制中的“字用原则”，立足于“据义构形”——为了表意的目的而对“形”或“象”变通或不拘一格地使用，从而在语象关系格局中摆向“语”的一极。

汉字文字学中“构意”的概念恰恰与符号学中的“理据性”意指方式相对应，这种意象性方式既不能完全用皮尔斯的“象似性”视觉图像原则来解释，也不能完全用认知隐喻理论“用一种事物理解另一种事物”的“相似性”语言隐喻原则来描述。应该说汉字象形字为世界符号学贡献了一种介于图像、文字和语言之间的中介化的意象性意指方式。

汉字内部隐含着一个言、文、象的超语言符号关系场。从现代符号学的立场看，“形”是图像要素，“音”是语言要素，“意”是文字（汉字）要素。它们代表三种符号法则：“形”遵循图法；“音”遵循语法；“意”遵循字法。“形音意结合体”意味着这三种编码的统一，但主导型有差别：象形字是形—图法主导；汉字意符是意—字法主导；音符或假借是音—语法主导。因此，汉字内部隐含着一个言、文、象的超语言符号关系场。

6.3 现代符号学研究

中国现代符号学在起步之时，“研究者的目光主要集中在索绪尔、皮尔斯、莫里斯、巴特、巴赫金著名符号学家的思想理论上”（王铭玉，2004：484）。其中如何处理索绪尔代表的形式论符号学和皮尔斯代表的实效论符号学之间的关系，成为中国现代符号学研究的基本问题。而明确遵循执中原则进行现代符号学“合治”创新研究的主要著作有两部：《语言符号学》和《现代语言符号学》。①

《现代语言符号学》（以下简称《现代》）于2013年问世，这部著作折射了中国符号学继1993年《理论符号学导论》②、2004年《语言符号学》出版以来的进步和发展，标志着中国符号学由跟踪和引介西方符号学而转向自觉地理论建构。《理论符号学导论》走的是一条“分治”的道路，即坚持在索绪尔的形式论传统与皮尔斯的实效论传

① 王铭玉．语言符号学［M］．北京：高等教育出版社，2004，北京：北京大学出版社，2015，柏林：德国斯普林格出版社，2015，2017；2020年英文版（国家社科基金中华学术外译项目）。王铭玉，等．现代语言符号学［M］．北京：商务印书馆，2013。

② 李幼蒸．理论符号学导论［M］．北京：社会科学文献出版社，1993。

统的对立、区别中思考二者之间的关系，并进行二中择一的选边站队。《语言符号学》和《现代》则是走向“合治”方向的：一是坚持“语象合治”的基本原则；二是坚持索绪尔传统与皮尔斯传统的相互依存原则，着力发现索/皮之间内在的互补逻辑，尝试融合皮尔斯、索绪尔两个传统并在此基础上建构自己的符号观。

《现代》在第一编中提出了关于符号的定义，为语象合治预留了空间：“（符号）指对等的共有信息的物质载体。”（王铭玉等，2013：5）该定义中有三个关键词：物质载体、共有信息和对等。“物质载体”相当于索绪尔的“能指”，但更强调了其物质实体性。“共有信息”约等于索绪尔的“所指”，但索绪尔的符号学排除了那些纯粹个人的、偶然的表意活动，也排除了那些没有社会性的非意图性符号；《现代》的“信息”是一个宽泛的术语，它不仅包括索绪尔“所指”的抽象概念，而且也包括实体性事物和指称对象。“对等”是指符号的“形式与内容不是前后相随，而是联合起来，同时呈现给人们……用梅花表示坚贞，绝不能解释为先有梅花，而后引起坚贞。恰恰相反，两者被联合起来，同时呈现给人们”（王铭玉等，2013：5）。

作者分析了西方符号学思想“合治”的可能性：索绪尔是基于符号系统和代码的传达符号学，皮尔斯是以基于符号过程和代码的语义符号学，“而‘有效地传达’和‘创造性的语义作用’被认为是语言符号两个方面的典型特征”（王铭玉等，2013：9）。这就使二者具有内在的互补逻辑而具有被“合治”为一个统一的理论体系的可能。在此论证的基础上，《现代》提出了“合治论”的符号学观点：“关于符号系统和符号过程的理论和实践研究。”（王铭玉等，2013：14）显然，索绪尔的系统思想和皮尔斯的过程思想在这里通过一个自洽的理论体系有被整合起来的可能性。

《现代》并未从流陷入“对象”之说，而是从语象合治的角度进一步明确指出：语言中心论/非语言中心论的符号学的根本区别并不是根据它们的研究对象，而取决于研究方法是“以言观物”还是“以物观言”？《现代》表现出的“合治”观着力描述二者之间的内在通约逻辑或相互过渡现象，这样就把崇尚人文的、能指本位的、形式论的索绪尔传统符号学与崇尚客观逻辑的、所指本位的、实效论的皮尔斯传统符号学清晰地区分开来，为在此基础上实现二者通约融合搭建了桥梁。

《现代》将“双面双层”① 理论的分治观转化为一种合治观：在形式与实体的区别对立中考察二者之间互动、互补的统一性关系，并把合治观用于篇章符号学的研究之中，提出了“篇章符号学的基本理论和方法论框架”的四个基本问题（王铭玉等，2013：307）：其一，语言符号学重点研究符号的意指关系，即“双面双层”对“二维”（组合关系和聚合关系）的决定性；而结构主义语言学虽以“二维”为主导，但所关注

① 叶尔姆斯列夫用双面双层的理论进一步发展了索绪尔关于形式与实体二分的立场。“双面”指一个符号可区分为索绪尔所说的能指面和所指面，叶氏称为“表达面”和“内容面”。“双层”则指每一个“面”又可进一步区分出“形式”和“实体”两个层面。

的是形式层面的结构关系。其二，语言符号学的意指关系是合治性的，即在实体与形式的“相互依赖、相互区别”的关系中考察其中每个要素。其三，正是这种形式与实体“合治”的方法论，为现代符号学融会索绪尔的形式主义和皮尔斯的实效主义两大传统提供了理论工具。其四，由于在语言符号的形式化、系统化研究中引入了实体性、意指性元素，使得符号的“物质性”问题成为《现代》符号学思考的一个重要特色，传统语言学不屑研究的碎片化文本则成为篇章符号学的重要内容，如通知、明信片、书信、便条、电脑聊天、当代粗刻、手写寄语、各类贺词、回忆录、日记、笔记、纪念册、简历、说明、发言稿、记录本、台历、计划、菜谱、咒语、祷文……（王铭玉等，2013：210）在这些符号中，物质性即表达面的物理载体和内容面的情景对象都会对符号的意义产生重大影响。

《现代》专门把隐喻符号学作为一个重要问题进行研究，因为隐喻本身涉及了符号学的一个根本问题：意指方式。在语言符号中，有两种最基本的意指方式：任意性和理据性。索绪尔坚持任意性是语言符号的第一特征，而《现代》则认为隐喻即理据性是语言更为本质的属性，这就为语象合治的合理性奠定了基础。《现代》分析表明，符号的理据性包括命名理据（如符号是按照客观写实的还是按照主观动机的方式命名对象）和结构理据（即命名理据成为语言结构或字面义中固定的成分，如“鼠标”“面包车”等）。显然，隐喻具有命名理据和结构理据双重属性，同时又是一种非客观写实的、主观动机性理据方式，我们称之为“象似性”（iconicity）意指方式。①

7 语象合治是中国符号学发展的依归

7.1 中国的传统符号资源

中国是一个长于符号思维的国家，更是一个具有符号学研究传统的国度。中华文化博大精深，符号学学术资源独特、丰富，如果对符号学的学术资源进行梳理，可以列出下列一些典型现象：

7.1.1 易学符号资源

从《河图》《洛书》《周易》到后世管中窥豹的解易之学，尤其是《周易》符号谱系中“筮、经、传、学”的层累递进关系及其体现的意象符号学思想，实际上构成了一部完整的“易学”符号思想史。

7.1.2 名学符号资源

名学是我国古代以名为研究对象、以“正名”为核心内容的一种独特理论，孔孟

① “本体和喻体的语义中包含一种可以借用的理据，在可移位的理据基础上形成了可供说话者进行选择的聚合体，构成这种聚合体的特征是相似性。”王铭玉，等．现代语言符号学［M］．北京：商务印书馆，2013：476。

儒家的正名学说、道家经典的名实之辨和言意之辨、名墨典籍的名实理论和指物理论、名法之学的礼法思想都可归入该范畴之列。

7.1.3 训诂学符号资源

符号学是广义上的意义学说，萌发于春秋战国、兴盛于西汉东汉、经北宋南宋革新转向、在清朝和近代鼎盛不衰的训诂之学，是颇具中国风格与中国样式的符号意义学说，其以形索义、因声求义、直陈词义的意义理论构成意指关系的典型符号模式。

7.1.4 汉字符号资源

汉字是中国文化思想最基础的建构单位，以东汉许慎《说文解字》为代表，以“六书”为核心的“说文学”体现了独特的符号思维方式和哲学世界观，无论在中国文化符号谱系中还是在世界符号学思想史上都具有极其重要的地位。

7.1.5 术数符号资源

传统术数文化是中国文化中非常独特且富有魅力的资源：繁难者如遁甲六壬，简易者如梅花六爻；占天者如七政如，问地者如风水堪舆；卜事者如测字龟占，求命者如四柱紫薇，等等。虽然术数种类繁多，但无论哪一门类，都无一例外地拥有一套用于表义的符号系统。

7.1.6 音韵符号资源

音韵学中充满了符号学的层次、标记、象似、意指等因素，是一个亟待挖掘的符号学富矿。此领域的代表作有《诗经》（古音学）、《切韵》（今音学）、《中原音韵》（北音学）等。

7.1.7 人类学符号资源

中国的彩陶符号、甲骨文字、中原外围地区的各种岩画和刻画符号都充满了符号学的谜团，而在半坡遗址、山东大汶口遗址、敦煌壁画、嘉峪关晋墓、麦积山雕塑、龙门石窟等都曾发掘出先民的大量符号实物。这些体现了具有符号功能的人的本性不断完善的历程，显示了符号世界的无限丰富性。

7.2 中国符号学的发展取向

以上我们列举了一些独具中国特色的符号学资源，这是中国符号学的底牌，也是中国符号学得天独厚的优势。但如何“盘活”这些资源，走出一条“语象合治”的符号学路径？需要我们做出深刻思考。

7.2.1 崇尚大符号概念

在既往的符号学研究中，人们关注的重点是有意图的符号（比如语言以及人工符号），而忽视了大量涉及非清晰意图的符号（比如自然痕迹、实物符号等）。在中国传统符号学中，虽然有意图的符号同样占据着主要研究对象的地位，但术数、遗迹及实物符号并不少见，而且特色鲜明，对此学界缺少足够的关注。因此，中国的符号学研究应该尊崇“大符号”概念，既要重视有意图的符号，又要对非清晰意图、非系统的符号给予关注；既要重视自然语言及人工语言符号，又要对非语言符号给予关注；既要重视符号的形式化研究，又要对符号的物质化研究给予关注。用大符号的概念来解决中国传统符号学的问题，有助于让中国传统符号学的全部资源纳入世界符号学的视野之中，凸显中国符号学研究的特色。

7.2.2 秉承合治符号观

中华文化的特质需要一种“合治”的符号学学术观，借此可以彰显中国符号学的主体尊严和人文精神。本文第三部分讨论了语象合治符号的移心型和执中型的区分，这实际上提出了一个新型的“合治符号学”思路——超越西方移心型和东方执中型的符号学壁垒，实现二者在更高层次上的“合治”。“合治”路径是中国学者应该选择和坚持的第三条符号学路线，其核心要素有：1）在符号本体问题上，坚持以理据性为主，兼顾约定性；2）在符号主客体关系问题上，坚持以符号主体的“动机理据”为基础，强调主体对客体的阐释力和创造力；3）在理论指向方面，坚持语言形式论传统和真值逻辑实效主义传统，即形式化加实效化；4）在思维取向方面，坚持符号思维加意象性原则。

7.2.3 注重意指方式

不同的符号学理论以不同的意指方式作为研究的切入点，意指方式的差异往往决定着符号系统的类型差异。中国传统符号学拥有独特的符号意指方式，即符号思维与意象性原则的融合，其观照的符号世界可以跨越主体与客体、符号与对象、语言符号与非语言符号、理据性与任意性、指称与含义、系统与过程、实体与形式的界限，走进世界符号学之列，体现中国符号学的魅力与优势。

“合治”包含着两层意思：其一，它是相对于“分治”而言的一个对比项，是对异质符号（主要指语象）分治对立关系的解除；其二，它是一种符号化方式，主要包括移心和执中两种类型。这两点构成的“合治”符号内涵，既包含了西方的跨媒介、多媒体、多语式、语象叙事的符号学精髓，又吸纳了中国古老的“中和”“意象”哲学传统，进而形成了具有东方特征的符号学范式：合治符号学。据此我们完全有理由认可以下观点：“符号学在很大程度上是一门中国的学科，只是我们最近刚明白自己的这段历史，我们只是面对自己的财富一时打了个盹。符号学的苏醒正在成为中国学界一个令人瞩目的现象。”（赵毅衡，2012：20）

参考文献

[1] [法] 安娜-玛丽·克里斯坦．文字的历史：从表意文字到多媒体 [M]．王东亮，龚兆华，译．北京：商务印书馆，2019.

[2] 陈永生．汉字与圣书字表词方式比较研究 [M]．北京：人民出版社，2013.

[3] [法] 德里达. 论文字学 [M]. 汪堂家, 译. 上海: 上海译文出版社, 2005.
[4] 高辛勇. 修辞学与文学阅读 [M]. 北京: 北京大学出版社, 1997.
[5] 胡壮麟. 认知隐喻学 [M]. 北京: 北京大学出版社, 2004.
[6] 黄奇逸. 商周研究之批判——中国古文字的产生与发展 [M]. 成都: 巴蜀书社, 2008.
[7] [爱沙尼亚] 卡莱维·库尔. 符号域与双重生态学: 交流的悖论 [A]. [爱沙尼亚] 卡莱维·库尔, 等. 生命符号学: 塔尔图的进路 [M]. 彭佳, 等, 译. 成都: 四川大学出版社, 2014.
[8] [德] 莱辛. 拉奥孔 [M]. 朱光潜, 译. 合肥: 安徽教育出版社, 2006.
[9] [法] 罗兰·巴尔特. 中性 [M]. 张祖建, 译. 北京: 中国人民大学出版社, 2010.
[10] 孟华. 符号表达原理 [M]. 青岛: 中国海洋大学出版社, 1999.
[11] [美] W. J. T. 米歇尔. 图像理论 [M]. 陈永国, 胡文征, 译. 北京: 北京大学出版, 2006.
[12] [美] W. J. T. 米歇尔. 图像学 [M]. 陈永国, 译. 北京: 北京大学出版社, 2012.
[13] [瑞士] 索绪尔. 普通语言学教程 [M]. 高名凯, 译. 北京: 商务印书馆, 1980.
[14] 王安, 罗怿, 程锡麟. 语象叙事研究 [M]. 北京: 科学出版社, 2019.
[15] 王弼, 韩康伯. 周易王韩注 [M]. 施伟青, 点校. 长沙: 岳麓书社, 1993.
[16] 王铭玉. 语言符号学 [M]. 北京: 高等教育出版社, 2004.
[17] 王铭玉, 等. 现代语言符号学 [M]. 北京: 商务印书馆, 2013.
[18] 郑文东. 文化符号域理论研究 [M]. 武汉: 武汉大学出版社, 2007.
[19] 祝东. 先秦符号思想研究 [M]. 成都: 四川大学出版社, 2014.

Integration of Langue and Image
—An Approach to Chinese Semiotics

Wang Mingyu[1] Meng Hua[2]
([1] Tianjin Foreign Studies University; [2] Ocean University of China)

Abstract: Semiotics is a modern discipline best known for its Western attributes. It has long been identified as having two approaches—sign-focused semiotics represented by Ferdinand de Saussure and pragmatist semiotics represented by Charles Sanders

Peirce. Has there been, up to this day, a third approach to semiotics? This remains a focus of concern for contemporary semiotics studies around the world and moreover, a burning question to be answered for Chinese semiotic studies as it concerns the nature of traditional Chinese semiotic resources, the mode of signification in semiotics studies and the place the Chinese semiotics takes in the world's semiotics studies. We propose in this essay that there exists a third approach to semiotics studies—integration of langue and image, which is different from the well-established approaches of Western semiotics. Our major claims are as follows. 1) A macro view is required to define signs with streamlined standards of definition. 2) Integration of langue and image is a common phenomenon in semiotics, which represents a neutral view towards signs and primarily a breakaway from binary opposition and separation of langue and image. 3) Integration of langue and image can fall into two types—focus-shifting integration and impartial integration, the former being distinctly transboundary, and the latter, harmoniously whole. 4) Integration of langue and image finds its theoretical foundation in both traditional Chinese semiotics and modern Western semiotics. 5) Separation of langue and image is an approach primarily followed by Western semiotics, which nevertheless has become a new bottleneck for the development of semiotics due to its biased understanding of signs and steadfast cling to semiotic boundaries. 6) The theoretical exploration and innovative practice by Chinese semiotics scholars are very helpful in that they have justified the approach of integration of langue and image. 7) China is a nation excelling at semiotic thinking, whose rich and unique semiotic resources fundamentally underlie the development of Chinese semiotics. We expect that the proposition of integration of langue and image will help cement China's position in the world academia.

Keywords: semiotics; a macro view towards signs; integration of langue and image; separation of langue and image; Chinese semiotics

作者简介

王铭玉，男，天津外国语大学语言符号应用传播研究中心教授，博士，博士生导师。主要研究方向：语言符号学。

孟华，男，中国海洋大学文学与新闻传播学院教授。主要研究方向：汉字符号学。

书刊评介

符号学能为教育带来什么
——走近《教育符号学：教育中的符号与象征》

涂　尚　崔岐恩

摘　要：美国威斯康星–麦迪逊大学教育学院著名教育学教授弗朗索瓦·维克多·涂尚博士（Dr. Francois Victor Tochon）2013年所著 *Educational Semiotics: Signs and Symbols In Education* 一书的中译本《教育符号学：教育中的符号与象征》将于2021年底出版，这将成为首部以“教育符号学”命名的中文译著。对于教育学、语言学和符号学领域的研究者、教师和研究生而言，这本不到200页的薄书颇值一读。人类符号化如何建构并发展教育世界？回答这个问题需要把话语和行为预先同其伦理的、本体论的后果链接起来。随着对教育话语与行为基础展开分析，人们从之前努力捕捉符号形式转向理解符号的深度意义。批判教育学话语与行为有助于在面对更大的、与“深度教育”原则相关的伦理目标时，能更为宽广地理解如何从人类境况中获得意义。这样的努力将不断尝试和改进，并与教育符号学理念如影相随，教育符号学不会提出结构固定的、根本性的意义成分，因为这些成分总是通过对话而重构意义，仅在一定程度上表现了一种可能世界。

关键词：符号　符号学　符号教育　符号教育学　教育符号学

国外自1987年坎宁汉（Cunningham）首次提出“教育符号学”（Educational Semiotics）这一专有名词以来，英美加澳等国学术界围绕该主题做了深入研究，特别是21世纪以来高论不断，既有教育学者，又有符号学者，聚焦“教育＋符号”的交叉领域孜孜探索。美国威斯康星–麦迪逊大学教育学院著名教育学教授弗朗索瓦·维克多·涂尚博士（Dr. Francois Victor Tochon）2013年所著《教育符号学：教育中的符号与象征》（*Educational Semiotics: Signs and Symbols In Education*）正是这一研究潮流的持续，同时又有所超越。该书原著在英语世界引起极大反响。正如美国教育研究协会教育符号学会前主席约翰·亨宁（John Henning）所言：《教育符号学》凝练了涂尚教授的学术思想。书中四个构思巧妙的研究中，涂尚教授展示了如何将符号分析用于解构实习教师的专业学习经验。这些研究为我们创造性地应用符号学方法，理解教师教育中长期存在的问题及探究特定情境中学习的本质提供了深邃的启示。该书成功之处在于涂尚教授巧妙使用符号学方法搭建框架并深度探究教师教育中众所周知的一些问题，比如：教师如何通过实践学习。书中观点影响力大，极具进一步研究的价值。教育符号学是带有特定目的的应用符号学。对于教育而言，符号学主要有两方面用途：第一，符号学有助于更好地理解并探索教育实践，这将会推动实践更好、更深入和更有意义地发展；第二，符号学能够深化教育研究方式，因为教育是一个需要符号和符号化过程的领域。

1 背景简介

该书作者弗朗索瓦·维克多·涂尚（Francois Victor Tochon）是美国威斯康星-麦迪逊大学教育学院课程与教学系世界语言教学方向的主任，该系连续15年位于美国专业第一。他是德普大学校董会创办人和主席，在加拿大拉瓦尔（Laval）大学和渥太华（Ottawa）大学分别获得应用语言学博士学位和教育心理学博士学位，还获得阿根廷、秘鲁、中国台湾、APAMALL国际多媒体学术协会等四所大学和机构的荣誉博士学位，共6个博士学位头衔，并获得中国河南工业大学校长亲自颁发的荣誉教授称号。涂尚教授发表在《教育研究评论》（*Educational Research Review*）的文章《全球理解的核心：世界语言教育——为什么学校需要适应》（The key to Global Understanding：World Languages Education—Why School Need to Adapt）荣获美国教育研究协会（AERA）2010年最佳评论奖。涂尚教授还荣获西班牙格雷那达（Granada）大学2012年度国际杰出奖，并作为他们杰出校园的一名教授。涂尚教授分别荣获2013—2014年度台湾国际狮子会俱乐部（Lions Club International）主席和芝加哥狮子会俱乐部国际基金会主席颁发的奖章（Medals）。他位居LinkedIn（领英）平台受访人数最多的人物榜（1%），以及学术界（Academia）网络平台下载率最高的作者人物榜（1%）。他现在是澳大利亚isIPAL的国际大使。2015年，他荣获威斯康星-麦迪逊大学教育学院最佳多元性奖、上海师范大学国际学者奖、澳大利亚南昆士兰大学杰出学者奖。涂尚教授曾是《国际符号语言学杂志》合作编辑与总主编。在美国符号社会学界，他致力于跨文化符号语言学的研究，曾任美国教育研究大学教育符号学研究协会特别兴趣小组主席。

从2009到2011年，涂尚教授因为在土耳其语的学习环境中创立、研究和评估使用个性化“深度教育法”学习语言和文化的贡献而荣获美国教育部嘉奖。这肯定了他的研究团队在“语言政策”和“课程与实践”之间设计了一个创新研究界面。从2007到2008年，他通过电子档案袋法促进教育国际化和世界语言及跨文化符号语言学研究而荣获Spencer和Tubitak基金项目——土耳其科学技术基金。涂尚教授著作等身，已出版30多本著作，发表200多篇文章，在全球受邀做学术讲座340多场，撰写研究报告20多个。涂尚教授是阿克斯胡斯（挪威）、亚利桑那、布鲁塞尔、弗里堡（瑞士）、格拉那达（西班牙）、里昂、巴黎、楠泰尔、兰斯、雷恩、西印度群岛（法国）、亚利桑那州（美国）、普林斯顿（美国）、里约热内卢（阿根廷）、耶尔德滋（土耳其）、中国河南等16所大学的客座教授。涂尚教授的书已用英语、法语、意大利语、葡萄牙语、西班牙语、土耳其语、越南语等11种语言出版。本译著是他的第一本中文版著作，不同语言作品①包括：《外国身份：作为教育调查的真相叙述》（*The Foreign Self*：*Truth telling as Educational Inquiry*，美国何特伍德出版社），《教学热点话题：生产力、战争与神职》（*Tropics of Teaching*：*Productivity*，*Warfare*，*and Priesthood*，加拿大多伦多大学出版社）等。他 2014 年出版的《世界语言与文化学习深度教育法：帮助学习者深度学习语言》（*Help Them Learn A Language Deeply*：*Deep Approach to World Language and Culture*）在美国成了畅销书（龙翔等译，2015）。

涂尚教授首创语言与文化深度教育法、深度教育、深度大学的概念，创办了深度（德普）大学出版社，并开始得到台湾狮子会国际基金会的支持。涂尚教授正在开发深度连接大众网络课程（cMOOCs）②；涂尚教授现兼任美国德普大学学术委员会主席，以及国际语言教育政策研究会（INLEPS）执行主席。③

2 思想概要

符号学是研究符号化或符号行为的学问。它可以描绘包含意义生成在内的任何过程，不管是语言学的还是非语言学的。因此，符号化把意义生成定义为由符号和符号解释项充当媒介的过程。教育符号学属于应用符号学分支，是为了达成教育目的而对广义课程的改造、重组和诠释。应用符号学的建立将教育推向符号化方向。值得一提的是，教师的符号化意识促发了“元符号学”，因为他们的深刻反思会激发概念重构，而这可被认为是跨符号的过程。也有学者把人类看作“元符号化动物”——能在意义生成中创生新的意义。从直觉到知觉乃至措辞，澄清的各阶段都按照皮尔斯所破译并建构的理论运作，该理论认为澄清过程是具有科学探究特征的信念确认过程。同样，对课程阐释的直觉、知觉及文字表述也关涉到一个细微的信念信息。本书尝试通过描绘学习、教授和教师教育的课程实施过程来探索这一信念信息。

从符号学探究视角看，符号学研究者不是分割符号意义而是考虑在完整的意义生成过程中那种流动的、社会的和文化的符号互动本质。符号学家需要建立一个更加完善的知识体系和更加饱满的符号动力系统图景，那将涵盖以教育为目的的交流和在意义建构中的善行、失序等人际互动本性。知识分类化的范畴只是为符号学理论化提供了一个维度，而无限的符号化才是王道。研究可能延伸到涂尚命名为跨符号化的实践领域，即对自身符号化的转型式理解。符号学扮演着解码和诠释的作用，尤其在各种交流形式中、在强调语境中的组织性和矛盾性时，其意义功能愈加凸显。符号学还可以为当前教育研究中所遇到的挑战提供方法论回应。

符号学探究旨在极大地促发感知、感觉和推理等符号所指过程中的丰富性和灵活

---

① 参见 http：//www. deepuniversity. net/introductions. html。

② 参见 http：//www. deepuniversi ty. net/graduatecourses. html。

③ 参见 http：// www. languageeducationpolicy. org。

性。探究发现的过程创制出新的语言，也会革新转型符号化中的现存语言。符号学进化观变得综合、包容，因为它解决了现代分裂的推理二元性。无论探究的目的是什么，符号学探究全面修正了这些目的。人们对真理的判断不再依赖权威，而是自然领悟，通过体验经历得出自己的结论。这种方式建构了人们对于真理的特定认知，真理不是固定和自然化的，相反，它是独立和流动的。人类倾向于既定观念：意义与感知中的感知图式相匹配。意义生成空间提出了界定意义环境系统内的符号环境的边界条件。符号学提供了一种动态的观点而非确定信念的简单方法。符号学创造了方法论的妙方，因其解构了自身的符号化过程。

人类符号化如何建构并发展教育世界？回答这个问题需要把话语和行为预先同其伦理的、本体论的后果连接起来。随着对教育话语与行为基础展开分析，人们从之前努力捕捉符号形式转向理解符号的深度意义。批判教育学话语与行为有助于在面对更大的、与“深度教育”原则相关的伦理目标时，能更为宽广地理解如何从人类境况中获得意义。这样的努力将不断尝试和改进，并与教育符号学理念如影相随，教育符号学不会提出结构固定的、根本性的意义成分，因为这些成分总是通过对话而重构意义，仅在一定程度上表现了可能的世界。批判符号学挑战自身对世界观的解释，同时采取了克里斯蒂娃（Kristeva，1991）等提出的一些原则：解读意义时务必审慎，谨防意义滑偏而误用。话语、情境事件、实用主义斗争及其文本等的表述风格所传达的符号学维度，在使用中都会激起社会批判。根据克里斯蒂娃的观点，社会系统性的约束会提供线索，暗示这个社会的压迫是什么以及应该如何改变这个社会。

该书对于皮尔斯符号学思想有造诣颇深的觉解和应用。书中在学理阐释的同时，大量呈现基于皮尔斯图表化的映射图式。为了借助图表体现思想实验和研究概念之间的逻辑关系，皮尔斯创制了一些规则试图改良其概念图式系统，然而遗憾的是，直到去世他仍然不满意。涂尚（2013）认为“一切必要的推理都可以图式化表达”，也即任何概念化都是图式映射的过程。借助一套图式化系统，任何思想过程都可以被精确表征。自从皮尔斯提出存在图，学界已有大量研究来开发逻辑地图，这些图式可以精确再现推理方式和知识范畴。实习生温习自己的概念图可明晰已学概念之间的差异。这种概念图结构也能使学生明确他们对自己教育经验的了解，从而令学习者的理解结构变得精确而清晰，如此方可显示他们在学校意义的本质化和自然化过程中扮演的角色。课程知识如何转化为实践知识的研究，为学生所描述的学校概念、类型和过程提供了很有趣的解读方式。这样的图式可被用于观测学习者的知识起点以及监控概念变化。课程地图还可使学生“改变习惯的习惯”，也可帮助实习生和老师评估他们的概念发展水平和信念系统。

概念图研究可以延伸到微小的过程，转变自己符号化的理解方式。如此界定的符号学课程探究可以被整合进教师教育，更加广泛地激发实习教师反思课程知识和意义生成过程的能力。涂尚在该书中进一步挖掘了这一分析框架。

3 文脉结构

对于博大精深的教育符号学领域而言，本书仅仅是抛砖引玉。本书融会四项研究之精华，描绘了符号学如何为教育过程带来至关重要的理解方式。作者使用三种方式做图解教育：第一项研究展现如何运用皮尔斯符号学理论特别是存在图研究来做分析，存在图思想使这种理论与概念图之间的匹配十分自然。第二、三项研究运用格雷马斯行动元图式作为一种方式来破译实习生的经验故事法则。第四项研究运用索绪尔图式和启发范式来强调历时性教学计划与共时性实际执行之间的差异。在这些研究中，符号学概念被依次渗透进课程符号学过程的之中。课程图式可以激发符号学探究，并帮助实习生的知识进行转化。本书所展现的四项研究深度分析实习教师在组织课程之时、在课堂互动期间、在视频学习团体内，在反思其实践时的教育叙事，展示他们对视频与电子档案强烈的整合意识，以及对教师经验叙事的分析，种种这些均有助于更好地理解教师学习。每个案例中所蕴含的教育符号学对于更加深入地阐释教育过程大有裨益。

本书所呈现的四项研究皆与学生、实习教师所使用的科技应用有关。破译职前教师所秉持的科技观念对于师范实习生和教师教育者都大有裨益，可以帮助他们构建转型性学习冲突情境。在这种情境中，理解可以作为建设性的教学支架，或成为明智的教育学备选方案。

众所周知，近代符号学源头有二：一是语言符号学的索绪尔；二是泛符号学的皮尔斯。两位鼻祖都认识到：语言是符号中最大最成系统的符号。涂尚教授对于教育语言学也有深入研究，他的著作高度体现了语言学、教育学、符号学的交叉融合。在当前面临战略转型的新时期，我国的教育语言学研究聚焦于教育中的语言问题，以双语教育、语言服务、外语教学的生态观、移民/特殊群体的语言权利与教育、汉语的对外传播等议题，而涂尚的研究对我们颇有启示。

总之，本书探索了教育研究各种具体形式的符号学基础，这些研究定能激励元符号学（metasemiosis）的拓展，并在生成意义过程中促发意义生成。作为符号学工具，课程概念图能够激发符号化的转型符号化（transformative semiosis of semiosis），此过程我们称之为转型符号化（Trans-semiosis）。转型符号化就是知识的转型，这种转型缘于元符号化过程的重构（reframing process of metasemiosis），并使该过程形态更新、富于变化。既然转型符号化与理解自我与他者如此密切相关——则知识与符号化过程并非截然不同——其结果便是：转型符号化是一个同一性过程。符号学通常被看作是关于符号如何运作的深奥理论，面对正竭尽全力帮助学生学习的教育者，符号学必须发声。涂尚教授为我们提供了一个基于符号学原理的实践教学和研究方法的样本，这有助于教育远离固有僵化的方法、实践和内容标准，而把学习理解为意义生成，并且根据个人目的，随时随地创造性地重新定义、想象和开展学习。教育工作者和研究人员亟须学习这些知识。对于那些希望通过符号学探究深入理解教育过程进而研究知识拓展的读者来说，本书颇值一读。

参考文献

[1] Tochon, F. *Educational Semiotics: Signs and Symbols in Education* [M]. Wisconsin, Deep University Press, 2013: 1-5.

[2] [美] 涂尚. 教育符号学：教育中的符号与象征 [M]. 崔岐恩，等，译. 北京：清华大学出版社，2021: 1-2.

[3] Cunningham, D. Outline of an Educational Semiotic [J]. *American Journal of Semiotics*. 1987, (5): 201-216.

[4] [美] 涂尚. 世界语言与文化学习深度教育法 [M]. 龙翔、肖建芳，译. 威斯康星州蓝梦镇：德普大学出版社，2015: 371-372.

[5] 崔岐恩. 国外的符号教育学及其研究进展 [J]. 高等教育研究，2016, (02): 47-54.

[6] 崔岐恩，张晓霞. 符号教育学论纲 [J]. 高等教育研究，2017 (10): 48-54.

[7] 崔岐恩，张晓霞. 符号教育：第三次教育浪潮 [J]. 山西大学学报（哲社版），2017, 40 (06): 79-85.

[8] 杨金龙，梅德明. 教育语言学研究在中国：领域与方法 [J]. 外语教学理论与实践，2019 (02): 37-42.

[9] 于国栋，吴亚欣. 知识论视角下的"提问" [J]. 外语教学理论与实践，2019 (01): 39-47.

What semiotics can bring to education: introdution of *Educational Semiotics: Signs and Symbols In Education*

Tochon[1] Cui Qien[2]

([1] University of Wisconsin-madison; [2] Wenzhou University)

Abstract: In 2013 Dr. Francois Victor Tochon, a world famous professor in the university of Wisconsin-Madison school, published a great book *Educational Semiotics: Signs and Symbols In Education*. Chinese translation will be published in 2021, and this would be first book on educational semiotics. For researchers, teachers and graduate students in the fields of education, linguistics and semiotics, this thin book of less than 200 pages is worth a read. How to construct and develop the educational world? Answering this question requires linking words and actions in advance with their ethical and ontological consequences. With the analysis of the basis of educational discourse and behavior, people have shifted from trying to capture the form of symbols to understanding the deep meaning of symbols. Critical pedagogical discourse and behavior contribute to a broader understanding of how to derive meaning from the human condition in the face of larger ethical goals related to the principle of "deep education". Such efforts will be constantly tried and improved, and it will be accompanied by the concept of educational semiotics. Educational semiotics will not put forward the structurally fixed and fundamental meaning components, because these components always reconstruct the meaning through dialogue and only show a possible world to a certain extent.

Keywords: sign; semiotics; symbolic education; semiotic education; Educational semiotics

作者简介

弗朗索瓦·维克多·涂尚（Dr. Francois Victor Tochon），美国威斯康星–麦迪逊大学教育学院教授和博士生导师，研究领域：教育符号学。《教育符号学：教育中的符号与象征》原著作者。

崔岐恩，男，陕西勉县人，博士，温州大学教育学院符号研究所副教授。主要研究方向：符号教育学。

基金项目

国家社科重大项目“面向自然语言理解的逻辑构建和符号接地问题的哲学、心理学研究”（18ZDA032）；浙江教育厅项目“小学生符号意识研究”（Y202043191）；温州大学侨特色项目“马来西亚华侨对中国符号的认知特征与趋势研究”（202010）。

《语言与符号》征稿启事

《语言与符号》为天津市普通高校人文社会科学重点研究基地天津外国语大学语言符号应用传播研究中心编辑出版的中文学术辑刊、中国语言与符号学研究会会刊。著名学者、北京大学资深教授胡壮麟先生任编委会主任，中国语言与符号学研究会会长王铭玉教授任主编，北京航空航天大学出版社出版。主要刊登符号学和语言学方面的学术文章，设有思想快递、理论研究、学术专栏、论文选登、译文选登、书刊评介、人物访谈、学术动态等栏目，旨在为我国学者提供学术交流平台，推动语言与符号学研究在我国的发展。

投稿请发至 yuyanfuhao@163.com，审稿周期为4个月，4个月未回复采用可另投他处。该书出版后将赠送两本样书。

欢迎赐稿！

稿件体例：

Peeter Torop 的文化符号学翻译观

×××

（××××大学）

摘　要（宋体小五）

关键词（宋体小五）

英文题目（Times New Roman 四号）

英文作者姓名、单位（Times New Roman 五号）

英文摘要（Times New Roman 小五）

英文关键词（Times New Roman 小五）

1. 前言（宋体小四加粗）

2. 文化符号学

2.1　塔尔图—莫斯科符号学派（宋体五号加粗）

2.1.1　塔尔图—莫斯科符号学派的理论基础（宋体五号加粗）

2.1.1.1　俄罗斯的传统人文思想（宋体五号）

正文（中文为宋体五号，外文和数字为 Times New Roman 五号）

引文夹注格式：（刘润清，2002：403）、（Richards，1986：8）

脚注每页重新编号，序号为带圈的阿拉伯数字，不使用尾注。

参考文献

[1] Allott, R. Language and the Origin of Semiosis [A]. *Origins of Semiosis: Sign Evolution in Nature and Culture* [C]. Berlin: Mouton de Gruyter, 1994: 255-268.

[2] Barnstone, W. Translation Theory with a Semiotic Slant [J]. *Semiotica*, 1994, (1/2): 89-100.

[3] Gorlée, D. L. *Semiotics and the Problem of Translation* [M]. Alblasserdam: Offetdrukkerij Kanters B. V., 1993.

[4] 陈宏薇. 社会符号学翻译法研究 [J]. 青岛海洋大学学报, 1996, (3): 88-93.

[5] 霍克斯. 结构主义和符号学 [M]. 瞿铁鹏, 译. 上海: 上海译文出版社, 1997.

作者信息：姓名、性别、单位、职称、学位、主要研究方向、邮箱地址

基金项目：项目名称、项目号

中心网址：http://yyfh.tjfsu.edu.cn/

电子信箱：yuyanfuhao@163.com

办公电话：(022) 23230917

通信地址：(300050) 天津市和平区睦南道28号天津外国语大学语言符号应用传播研究中心